Comment Publier Simplement sur KINDLE des livres qui vous rapportent jour après jour

Pierre Benoit TASSE

http://kindle.pbtasse.com

Remarque & License

Si vous lisez ce livre et que vous ne l'avez pas acheté, merci de respecter le travail de l'auteur en achetant votre propre copie.

Ce livre est destiné à une utilisation personnelle

Ma page auteur sur amazon:

http://www.amazon.fr/Pierre-Benoit-TASSE/e/B005WQBMFY

1

Table des matières

Introduction

Le but de ce livre est de vous amener en l'espace de quelques minutes à publier votre livre électronique sur le Kindle chez Amazon. Je ne vous présenterai plus en longueur Amazon, ni sa liseuse, le Kindle, qui est aussi l'un de ses produits phares… une véritable révolution dans la lecture numérique.

Ce livre contient les grands chapitres suivants

> Pourquoi écrire pour le Kindle

> Quelques idées de rédaction de livres électronique au format Kindle

> Écriture et formatage du livre électronique pour la publication Kindle

> Utilisation de la plate forme de publication du Kindle d'Amazon

> Promotion du livre électronique

Ce que nous souhaitons ici, c'est de démystifier la procédure de création, mise en forme de livres électroniques et de publication sur Kindle. Nous avons supprimé consciencieusement tout ce qui a trait au bavardage inutile et qui n'apporte donc rien. Ceci rend le livre succinct et directement exploitable dans les minutes qui suivent sa lecture.

Une fois que vous aurez parcouru ce livre, publier sera un plaisir… dont nous espérons permanent. Si en plus vous percevez la portée de ce livre d'auto-publication et le mécanisme de publication des livres électroniques, de nouveaux horizons s'ouvriront à vous. En effet, le Kindle n'est pas tout : Pensez aux systèmes comme : Nook, Kobo, Sony reader, iPad, iPhone, … Tout cela peut être à votre portée. Et le marché de ces appareils ne fait que s'accroitre.

Vous pourrez donc capitaliser votre travail car lorsque l'on a déjà un manuscrit, publier sur une plate forme n'est qu'une question de formatage. Vous augmenterez donc la portée de vos publications et sûrement, vos revenus s'en trouveront améliorés.

Nous vous souhaitons un grand succès dans le domaine de la publication sur internet et plus particulièrement la publication sur Kindle.

Tenez nous au courant de vos progrès !

Allons-y ! Attaquons la publication de livre au format Kindle.

Pourquoi écrire pour le Kindle

Nombreuses sont les raisons pour lesquelles vous devez publier sur Kindle.

Aucun coût : Contrairement à la publication de livres papier hors d'Amazon (*), publier un ebook au format Kindle ne coûte pratiquement rien. Nous vous donnerons une procédure dans les pages qui suivent... vous expliquant comment démarrer avec une composition au format Word...et même sans connaitre Word. Vous saurez aussi comment créer une couverture simple pour votre livre. Vous n'avez même pas besoin de vous lancer au préalable dans l'acquisition d'un numéro ISBN. Votre livre existera sous format électronique. Ceci ne vous empêche pas de l'avoir au format papier ensuite. Nous évoquons d'ailleurs ces formes d'extension de l'auto-publication dans la partie intitulée « Au-delà du Kindle ».

(*) Avec Amazon, on peut aussi publier des livres papier, très facilement et sans dépenser des milliers d'euros. En fait, la publication ne coûte qu'entre 10 et 50 euros environ pour l'auteur indépendant. Pourquoi ? Tout simplement parce que Amazon travaille en POD (Print On Demand). Le livre est imprimé après chaque achat et expédié au client concerné.

Facilité : Normalement, publier sur Amazon au format Kindle est très facile. Il faut le faire une seule fois pour maitriser les techniques de formatage du livre et les rouages de la plate-forme de publication. Quand je parle de formatage, je fais allusion à la composition de votre manuscrit. Pas du contenu du manuscrit mais plutôt à la forme à lui donner avant d'utiliser la plate-forme de publication.

Ne croyez pas que nous nous intéressons seulement à la forme dans ce livre. Nous avons traité aussi le fond dans un chapitre spécial intitulé « Quelques idées de rédaction de livre au format Kindle ».

Amazon met à la disposition des auteurs une plate-forme appelé KDP (Kindle Direct Publishing (https://kdp.amazon.com/self-publishing/signin?ie=UTF8&language=fr_FR). Elle donne la possibilité de placer simplement et directement ses œuvres devant des milliers de lecteurs potentiels à travers le monde. Ce système permet de bénéficier de la réputation d'Amazon et de son service clientèle sans avoir à apprendre une autre langue... puisque aujourd'hui la publication est possible en langue française.

Votre livre n'est pas seulement vendu en France mais dans toutes les filiales Amazon rattachées à votre espace de publication (Espagne, Etats-Unis, Angleterre, Allemagne...)

Promotion assurée : Quand un livre au format Kindle est publié sur Amazon, les ventes se font automatiquement c'est-à-dire sans aucune intervention de votre part. Votre livre sera dans le catalogue d'Amazon, recevra des commentaires des lecteurs, sera souvent présenté comme suggestions... Bref, il suffit de publier un livre pour qu'il soit intégré aux mécanismes de la boutique d'Amazon. Amazon est une grande machine à vendre.

Ceci ne dilue en rien la promotion que vous pourrez faire vous-même. Un chapitre intitulé « Promotion du livre numérique » est consacré à cette partie. Vous y apprendrez ce que vous pourrez faire pour booster vos ventes.

N'oublions pas qu'Amazon possède beaucoup d'affiliés qui vendent ses produits moyennant une commission. Votre livre électronique est éligible à la vente par toute personne affiliée à Amazon. C'est du bonus pour vous !

Gain automatique_: J'aime beaucoup l'automatisation de gains sur Internet. Ce concept, je le lie particulièrement au fait que vous n'avez pas à faire de choses supplémentaires pour recevoir votre rémunération. Quand vous publiez un livre ou plusieurs, vous ne faites pas d'inventaire. Quand il y a une vente, vous n'expédiez pas de livre par la poste ou via internet. Quand le livre est publié sur Amazon et qu'il se vend, vous recevez seulement vos commissions… sans efforts supplémentaires. Le client reçoit son achat par téléchargement direct via WIFI. Un compte Kindle client sur la boutique Amazon est rattaché à chaque Kindle. On peut y gérer ses achats Kindle et donc tous ses e-books.

Commissionnement : Quand vous avez publié sur Amazon, vos livres y sont pour un temps illimité. Vous recevez une commission pour chaque vente. Donc, vous faites des efforts une fois et puis vous pouvez encaissez... pendant des années. En fait, vos actions sont cumulables sur le plan des revenus. Vous prenez l'habitude de faire des publications et vous cumulez les commissions issues des publications.

La question que vous pourrez vous poser est la suivante : « <u>Combien aimerai-je gagner demain</u> ? » Et de votre réponse, vous pourrez évaluer le nombre de livres à produire. En vous appuyant sur notre développement concernant les « idées de rédaction de livre au format Kindle », vous pourrez trouver votre niche et y aller à fond.

Le Marché : Le marché des livres électronique est en forte croissance... et une compétition féroce pourrait se livrer entre les différents producteurs de liseuses électroniques. Amazon a annoncé en décembre 2011 qu'il vendait 1 millions de liseuses chaque semaine. En l'espace de quelques mois, on a vu apparaître une liseuse signée Fnac (Kobo), une liseuse Amazon, le Kindle... Toutes les tablettes aujourd'hui sur le marché sont des liseuses d'e-book. Même les Smartphones peuvent intégrer via des applications présentes sur Androit Market, une liseuse d'ebook au format Kindle.

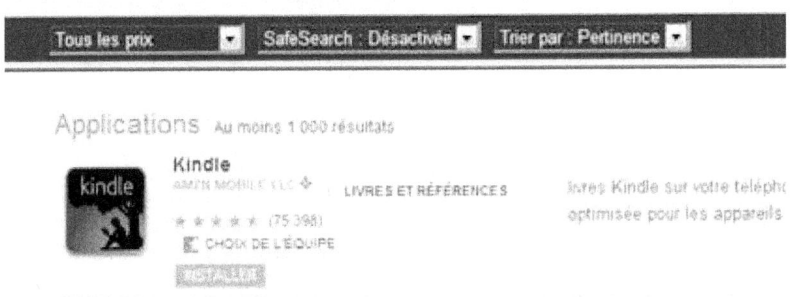

Cette vision du marché indique tout simplement que l'auteur de livre électronique a de beaux jours devant lui. Au-delà du Kindle, il pourra chercher comment adapter son livre aux autres appareils de lecture. S'il connaît déjà du succès chez Amazon, cela ne pourrait que booster ses ventes sur d'autres systèmes... Le succès appelle le succès.

Occasion inespérée : Ah oui ! Le Kindle est une occasion inespérée de sortir ses livres du placard... même si vous avez été longtemps rejeté par des maisons d'éditions. A moins d'être pornographe, extrémiste, copieur de contenu existant et non original comme des contenus du domaine public déjà publié sur Amazon... vous pourrez auto-publier votre livre.

Inimaginable ? Non ! Un article de Wall Street Journal

(Vanity Press Goes Digital (http://online.wsj.com/article/SB200014240527487049120045 75253132121412028.html#mod=todays_us_front_section) paru en 2010 expliquait comment une femme, Ms. McQuestion, avait vendu 36.000 version Kindle de son livre en 11 mois. Elle a ainsi connu du succès avec un livre qui avait été refusé par des maisons d'édition.

Mise en vente rapide : Normalement, quand vous publiez sur le Kindle, votre livre est en vente dans les 48 heures. Donc, il peut suffire d'une semaine pour que vous voyiez vos revenus s'accroitre de quelques centaines ou milliers d'euros.

Pour plusieurs formatages_ : La publication sur Kindle est ouverte à plusieurs formats. Du plus simple qui est le document Word au plus compliqué comme le MOBI ou le HTML. Certains formatages compliqués ont besoin de notion avancée de HTML. Dans la majorité des cas, un manuscrit sous Word va faire l'affaire. Ne pensez donc pas qu'il faut être trop technique pour publier un ebook sur Kindle chez Amazon. Même si vous ne connaissez ni Word ni HTML, nous nous indiquerons comment publier un livre électronique, avec des outils dont certains coûtent quelques euros.

Audience : Publier sur le Kindle permet d'atteindre une nouvelle audience de lecteur. Le numérique est en train de révolutionner le monde de l'édition. Et c'est une erreur pour ceux qui veulent attirer de plus en plus de lecteurs ou de les fidéliser, de ne pas s'intéresser aux liseuses électroniques.

Les ebooks publiés sur Amazon sont disponibles sur les liseuses Kindle et les applications Kindle pour iPad, iPhone, iPod Touch, PC, Mac, BlackBerry et les appareils équipés d'Android.

Livraison instantanée_ : C'est un gain de temps pour vos lecteurs. Ils pourront donc profiter instantanément des livres achetés juste après avoir acheté et téléchargé.

Coût : La fabrication, tout comme la vente des ebooks sur Kindle ne demande ni impression, ni transport, ni distribution. On pourrait même ajouter : aucune véritable campagne de lancement.

Les outils : Lors de la production des ebooks, différents formats peuvent être soumis pour la conversion de livres. Il n'existe pas une seule méthode pour générer un livre. Il existe même des outils gratuits. Ce qui fait que l'auteur d'un livre sur Kindle peut ne pas être quelqu'un de très technique. Et, nous croyons qu'avec le temps, il y aura de plus en plus d'outils gratuits et performants. Dans la pile des outils et méthodes qui existent, je crois que vous aurez vite fait votre choix. Vous prendrez sûrement une route qui vous permet d'être le plus efficace. J'ai fait le mien…et je travaille beaucoup avec Word, Calibre et Jutoh.

Quelques idées de rédaction de livres au format Kindle

Nous allons dans cette partie, vous donner quelques idées pour trouver des sujets et des contenus de rédaction. En fait, vous pouvez écrire sur tous les sujets mais vous comprendrez vite que certains sujets valent le coup que l'on s'y intéresse parce qu'ils se vendent. Cela ne sert à rien d'écrire des livres et n'en vendre aucun.

Pour l'instant, restons sur le site d'Amazon. Dans la version française, tous les livres électroniques se trouvent dans : ***Kindle > Tous les ebooks Kindle.***

Vous pouvez cliquer sur Meilleures ventes pour voir les différents ebooks. De manière générale d'abord puis par thème en choisissant un sujet sur la liste présente à gauche.

Choisissez le thème ***Informatique et internet***

Vous constatez en ce qui concerne le Kindle dans la catégorie Informatique et Internet :

> 2 livres de disputent la meilleure place dans les ventes. Ce sont des livres de prise en main du Kindle.

> 1 livre est positionné en 7ième position et concerne la publication

Les meilleures ventes en Informatique & Internet

Les articles les plus populaires dans la boutique Informatique & Internet. (En savoir plus)

Top 100

1.
Kindle : le manuel officieux.
Descriptions, trucs, astuces
Matthias Matting, Céline Maurice
★★★★½ (5 commentaires client)
Disponible pour le téléchargement
maintenant
EUR 2,99

2.
Amazon Kindle 3 et 4 : Nouvelle
mise à jour du guide détaillé
Armelle Rapin, Daniel Trautmann
★★★★☆ (6 commentaires client)
Disponible pour le téléchargement
maintenant
EUR 2,99

3.
La vérité sur Steve Jobs
Leto Nolotec

Vous voyez donc qu'il y a de la place à prendre pour les livres sur le Kindle. Pas seulement dans la catégorie *Informatique & Internet*. Le marché est nouveau et la compétition n'est pas rude. L'un des reproches qui a été fait au Kindle c'est qu'il n'y a pas assez de livres en français.

Dans la catégorie *Informatique & Internet*, vous pouvez écrire un manuel d'utilisation. Vous pouvez aussi écrire un manuel de publication. Avant de vous décider, faites le tour des commentaires et prenez note de la force de chaque guide ainsi que les différents erreurs.

Allez ensuite dans la partie « *Classement des meilleures ventes*

15

d'Amazon » pour repérer les catégories dans laquelle est vendu chaque livre. Vous en aurez besoin lors de la mise en ligne de votre livre. Notez bien que si vous choisissez une mauvaise catégorie pour votre livre, cela peut affecter les ventes. Comprenez cela comme ceci : « *on ne va pas dans le rayon lingerie pour vendre des patates.* »

Retenons simplement ici :

>> Vous pouvez écrire pour apporter une version plus complète d'un livre à succès: Voir le cas de manuel de Kindle

>> Vous pouvez écrire pour combler un manque: Voir le cas de cc manuel pour publier un livre sur le Kindle.

Si vous constatez par exemple qu'un livre papier a du succès mais qu'il n'existe aucun livre Kindle sur le même thème vous pouvez sauter sur cette occasion pour écrire votre livre.

>> Vous pouvez décider d'écrire en français un succès présent en anglais et vice versa ;

>> Vous pouvez écrire sur ce que vous aimez: Ceci est plus facile. Vous écrirez pour le fun et non en poursuivant des revenus. Et cela peut être plaisant.

>> Vous pouvez écrire sur vos compétences: Le Kindle peut être utilisé dans vos cartes professionnelles. Pourquoi ne pas écrire sur le web si vous en faites un métier? Pourquoi ne pas donner des astuces culinaires et présenter votre restaurant, vos services traiteurs…si vous êtes dans la restauration ? Vous pouvez exploiter ce concept dans toutes les professions, que vous soyez intérimaire, stagiaire, indépendants et même salarié.

Dans les moteurs de recherche, vous pouvez avoir un e-book rattaché à votre nom ou même à votre métier, profession ou mots clés importants.

Certains peuvent penser que je divague. Alors laissez-moi vous présenter un cas concret, le mien :

Si vous faites une recherche sur Google avec le mot clé : « *Promotion de site web* », vous me verrez à la première page, parmi les 10 premiers résultats.

www.whphotel.com/
World Independent Hotel **Promotion** Expert hotel marketing, advertising and **website** design. **Promote** your hotel **website** with Google Adwords. SEO. Facebook. ...

Référencement et **promotion** d'un **site Web**
www.referencementweb.com/ - Translate this page
Des outils payants très efficaces pour industrialiser tous les processus **de** veille sur la **promotion** des **sites web**. Les annuaires. Pour référencer votre **site**, il vous ...

Amazon.com: **Promotion** et Marketing **de Sites Web** (French Edition ...
www.amazon.com › › Marketing & Sales › Advertising
Beaucoup pensent qu'il suffit juste **de** construire un **site internet** pour que les visiteurs viennent. J'ai travaillé avec plusieurs personnes qui ne ...

Si vous faites encore une recherche sur Google avec le mot clé : « *marketing de site web* », vous me verrez à la première page… en premier, of course !

marketing de site web

Amazon.com: Promotion et **Marketing de Sites Web** (French Edition ...
www.amazon.com › ... › Marketing & Sales › Advertising
Beaucoup pensent qu'il suffit juste **de** construire un **site internet** pour que les visiteurs viennent. J'ai travaillé avec plusieurs personnes qui ne ...

Web promotion services | Promotion in Google and Yahoo Top10
web-promotion-services.net/
How do you think - if your **website** will be listed in TOP10 of Google Search Engine ...
Internet Marketing (synonyms - online **marketing**, web **marketing**) is a ...

Otimização **de Sites** SEO e **Marketing** nos **sites de** Busca - Seobra
www.seobra.com.br/
Nossa preocupação é simplificar o seu sucesso **de Marketing** Online integrando os canais **de internet** junto com a performance: **Sites de** Busca, Midias Sociais ...

Et si vous vous mettez dans la peau de quelqu'un qui veut en savoir plus sur moi (un recruteur, un client, un lead...), Entrez mon nom sur Google et vous verrez apparaître mes publications, mes sites professionnels, les résultats de certaines activités...:

Donc, vous pourrez voir les livres que j'ai publiés. Vous pourrez accéder à mon nom via des mots clés liés à ma profession… Vous avez même des liens avec mon numéro de téléphone. Vous pouvez connaître mes activités sur le net et même offline. Rien que du bénéfice !! Pas vrai ?

Voilà une révélation qui vaut son pesant d'or et qui devrait inciter beaucoup à publier sur Kindle. Surtout que cela ne coûte pas grand-chose… et que ce livre vous explique tout. Le Kindle peut être un moyen de dominer le moteur de recherche Google.

Il peut cependant arriver que vous souhaitiez rester dans

l'anonymat. Dans ce cas, vous pouvez utiliser un nom d'auteur différent de votre nom. Cela n'affecte en rien vos commissions sur les ventes réalisées.

Une vue de ce livre : Nous pouvons en parler pour illustration. Ce livre a pour but de montrer comment publier sur Amazon un e-book au format Kindle. Ce n'est pas un manuel d'utilisation du Kindle. C'est plus qu'un manuel d'utilisation de la plate-forme de publication du Kindle. C'est aussi un livre d'auto-publication.

Il pourrait entrer en compétition avec tout livre sur la publication de livre électronique au format Kindle. J'ai voulu qu'il ait un focus sur le Kindle et qu'il soit directement exploitable pour une mise en ligne de livre. Pour avoir publié et vendu de Kindle sur Amazon (avant même qu'Amazon.fr ne vende des e-books pour Kindle), ce livre présente aussi quelques connaissances en matière d'auto-publication.

Mon but en écrivant ce livre était d'amener le lecteur vers une prise en main et une publication rapide de ses manuscrits. Vous trouverez donc des méthodes testées et utilisées pour des petites et grandes publications; Pour publier un livre de 70 pages, il faut déjà être capable d'en produire un de 10 pages, même sans sommaire. Si vous ne produisez pas de livres de bonne qualité, vous risquez d'être victime de retour. Un retour équivaut à des revenus en moins, à de mauvais commentaires…

Je recommande d'ailleurs à ceux qui démarrent de publier de courts livres à 99 cents. Un livre de qualité de 7 à 25 pages A4.

Voici quelques astuces d'écriture et de collection d'information

: Chaque auteur a sa méthode. Je vous présente une méthode qui a fait ses preuves et que j'utilise pour écrire des manuels techniques comme celui que vous avez entre les mains :

>> Je commence par déterminer sur quoi je vais écrire. Je me fis donc à ma passion ou je poursuis l'argent en publiant ce qui pourra se vendre facilement.

>> Je fais le tour des sites pour voir ce qui a été écrit sur le sujet. Une bonne recherche sur Google, surtout dans des forums sur le thème, donne des indications précieuses. Amazon aussi est une mine parce que non seulement vous avez des informations de contenu mais vous avez aussi les réactions des lecteurs. Je collecte précieusement ces informations.

>> Je crée un sommaire pour organiser le contenu collecté.

>> A ce niveau, je peux réécrire les informations recueillies selon mes propres mots et souvent en tenant compte de mon expérience et de mes tests. Il n'y a rien de plus désagréable de que voir un lecteur se plaindre que la procédure que j'explique ne fonctionne pas. D'où l'intérêt des tests fiables. L'absence de TEST peut créer la conTESTation. Ne l'oubliez jamais. Alors, n'écrivez jamais de choses farfelues dans vos guides. Et surtout, utilisez vos propres mots.

>> Puis vient le tour du formatage pour le support souhaité (Kindle, E-book, manuel de formation…)

>> Après le formatage suit la mise en ligne.

>> Quand le livre est en ligne, j'effectue un peu de marketing de temps en temps.

21

Précisons que cette méthode est efficace pour les productions techniques. Pour ce qui concerne les romances, les fictions d'amour, les fictions en général (je m'y suis exercé et j'écris sous autre nom d'auteur), je m'appuie sur mon imagination pour créer un scénario à l'eau de rose ou un scénario digne d'un fou. Partant sur un développement à 7-10 chapitres, je ficelle tout pour rendre cela alléchant. Ces exercices de création peuvent être particulièrement difficiles car il faut oser puiser dans son imaginaire pour créer des œuvres disjonctées et proches de la réalité. Mais comme dirait quelqu'un, rien ne s'invente ici bas. Partant d'une seule pensée, vous pouvez bâtir un royaume de manuscrits.

Voici d'autres méthodes qui peuvent vous faire gagner beaucoup de temps :

>> Traduire un document_ou e-book anglais (ou autre langue) en Français, si vous êtes bilingue

>> Faire appel à un professionnel pour vous produire un contenu de quelques pages. Le contenu du Kindle n'est pas celui d'un livre. Pour un bon livre, vous pouvez compter au moins 100 pages au format A4. Pour un Kindle, même 7 pages suffisent. C'est la qualité et l'utilité du contenu qui prime. Personnellement, je ne produis jamais de livre électronique de moins de 10 pages.

Notez ici et on reviendra plus tard dans la partie financière : il est préférable de produire de courts livres que de livres électroniques contenant une centaine de page. Vous vendrez peut-être un gros livre à 9 euros alors que vous pourrez le diviser en 3 parties de 2 euros, facilement vendables. [Je parle de bénéfice là]. Vous me direz que 3 fois 2 font 6 et que 9 est supérieur à 6. Et vous aurez raison. Mais ce que vous ne voyez pas, c'est la possibilité de capitaliser sur le nombre d'acheteurs de livres à 2€ (valeur réelle 2.99 euros) puis la possibilité de produire un gros livre papier à 17 euros. Vous avez compris le truc ?

Un piège sur lequel vous pourrez tomber: Ne pensez pas qu'en vendant vos livres plus chers, vous gagnerez toujours plus. La formule marche pour moins de 9 euros. Au delà, vous ne toucherez que 35% de la vente.

Faisons le calcul. Un livre à 15 euros (35% de redevance=5.25) ou un livre à 8 euros (70% de redevance = 5.6)?

>> Le concept du 50/50 : Portez les œuvres des autres auteurs sur Kindle et partagez les revenus générés. Il suffit de trouver des œuvres intéressantes qui n'ont pas été portées sur Kindle et de l'adapter. Ce livre peut bien vous y aider.

>> Y a un grand marché dans le domaine de la traduction. Je vous le dis sans trop blaguer parce que je dévoile mes idées de business. Je ne pourrai pas trop m'inquiéter parce que beaucoup reçoivent des idées de business et ne font rien avec. Seriez-vous de ceux là ? En fait, je vous ai dit que le reproche qui est fait au Kindle c'est qu'il n'y a pas assez de livre en français. Mais qui pourra aujourd'hui porter certains écrits de la langue anglaise (ou autre) vers la langue française ? Je sais pertinemment qu'il y a de l'argent à prendre dans ce domaine et je pourrai faire team-team (équipe) avec un traducteur français-anglais. Evidemment, il pourra traduire les textes et moi je me chargerai du reste (formatage, mise en ligne et promotion). Beaucoup de personnes bilingues n'ont pas compris le pouvoir de l'internet ou simplement n'ont pas

compris qu'il existait de multiples pistes pour s'enrichir sans travailler pour quelqu'un d'autre que soi-même.

Bien sûr, je pourrai m'appuyer sur Google Translate ou sur mon dictionnaire français-Anglais… mais c'est sûr, rien ne remplace la traduction humaine. Comme je tiens beaucoup à ma réputation, je souhaite livrer des produits de qualité à mes fidèles lecteurs.

>> Encore une idée, celle de laisser les autres écrire pour vous. Il y a des magazines hors d'internet et même des sites web qui reçoivent des confessions de leurs lecteurs. Pourquoi ne pas y puiser la source de vos contenus ? L'un des magazines dont je parle reçoit des lettres en provenance du monde entier, les rend anonyme et les publie. Une trentaine de lettre illustrée chaque mois…pour un coût avoisinant les 5 euros. De temps à autre, ce magazine sort des numéros spéciaux appelés des dossiers. Cela traite un sujet spécifique. En fait, j'appelle cela des compilations.

Ne vous y trompez pas. Je parle de confessions ici et cela titille un peu ceux qui ne veulent pas faire du voyeurisme. Alors, creusons l'idée.

Les recettes de cuisine par exemple. Pensez-vous qu'en ligne, on créé encore des recettes ? Légalement, on peut réécrire des recettes avec ses propres mots sans aucun problème de copyright. Allez comparer les recettes devant produire les même plats : Les ingrédients sont les même (ou presque) mais la façon de préparer la recette diffère. Sérieux ! Allez sur des sites et comparez. Il n'y a pas deux ou plusieurs recettes de gâteau au yaourt. Il n'y qu'une seule. Alors, êtes-vous prêt à publier votre premier livre de recette de cuisine ?

Scrutez les forums et sites spécialisés, compilez les idées et publiez votre livre. C'est facile de laisser les autres travailler gratuitement pour nous. N'est-ce pas ? Surtout, évitez le plagiat. Faites votre travail. Réécrivez tout avec vos propres mots.

Je crois que vous avez suffisamment d'idées là ? Pour ceux qui aiment dire NON. Je vous fais encore un bonus en vous présentant un outil.

Allez sur le générateur de mots de Google Adwords (https://adwords.google.com/select/KeywordToolExternalSimilar) et entrez-y un sujet d'écriture qui vous intéresse. Choisissez de recevoir des réponses en langue française dans la zone géographique de France. Si l'outil vous demande d'entrer un code, faites-le puis cliquez sur Recherche.

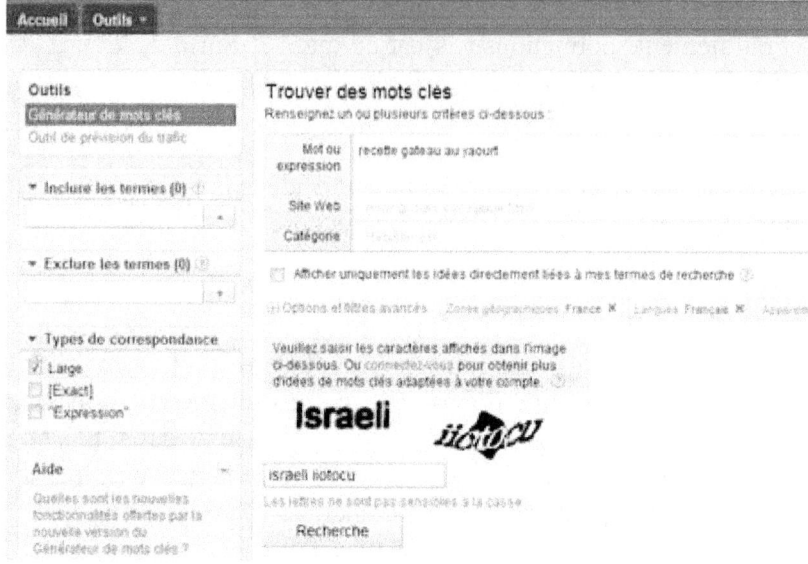

Vous obtiendrez ensuite des termes de recherche comme présentés sur l'image suivante.

Vous pouvez donc constater que le mot « recette gâteau au yaourt_» a été recherché 135.000 fois le mois passé sur l'outil Google. Et que si vous aviez un produit ou une page contenant le mot clé « Recette gâteau au yaourt_», c'est avec facilité que vous serez à la première page de ce moteur de recherche. En fait, la concurrence est faible pour ce mot.

Toute ressource en première page d'un moteur de recherche et plus particulièrement Google a de forte chance d'être consultée.

Je n'entrerai pas dans de grosses démonstrations de webmaster pour vous expliquer comment une page web d'Amazon peut facilement être à la première page et même au rang 1 des résultats de recherche d'un moteur comme Google. Pour ceux que cela intéresse, on parlerait de backlinks…

Si vous n'avez pas bien compris l'histoire du moteur de recherche : Quand un internaute veut trouver une information, il utilise un moteur de recherche... à moins qu'il connaisse l'url du site qu'il souhaite visiter. Il est évident que s'il utilise le moteur de recherche, il se focalisera plus sur les premiers résultats fournis... bref les premières pages des résultats. Si vous êtes référencé en première page et surtout « premier de la première page », vous aurez plus de chance d'obtenir des visites sur la page contenant votre produit ou votre information.

Regardez l'exemple de mon cas personnel cité tout à l'heure qui me plaçait en première page de Google... même avec 33.100 en recherche et une concurrence moyenne. Comparez donc ce que vous pourriez obtenir pour une concurrence faible et 135.000 en recherche mensuelle.

Termes de recherche (1)		
Mot clé	Concurrence	Recherches mensuelles dans le monde entier
promotion de site web	Moyen	33 100
		Accéder à la page

Idées de mots clés (100)		
Mot clé	Concurrence	Recherches mensuelles dans le monde entier
création site web	Élevée	246 000
promotion d'un site web	Moyen	110
référencement de site web	Élevée	27 100
référencement site web	Élevée	27 100

Vous pouvez aller sur Google et entrer « recette gâteau au yaourt » dans le moteur de recherche. Vous constaterez à votre grande surprise qu'il n'y a aucun livre électronique. A qui la faute ? Sûrement pas à Google. Il référence seulement ce qui existe.

Allez même chez Amazon.fr et vous pourrez aussi constater qu'il n'y a aucun livre électronique consacré au gâteau au yaourt. Normal. S'il y avait un tel livre sur Amazon.fr, il serait en première page de Google.

29

Vous pourrez donc facilement en créer avec les informations que je vous donne ici. Un livre avec 25-50 recettes de gâteau au yaourt qui peut se vendre à 3.99 euros. Le marché est encore ouvert ! Une telle vente de 3.99 euros vous produirait comme commission environ 2.6 euros chaque fois qu'un achat est validé, pour un travail fait une fois et qui vous a probablement pris 3-4 heures de votre temps. Au fait, qui aujourd'hui n'aimerait pas travailler une fois et recevoir de l'argent, encore et encore, sans limitation de durée ?

Surtout ne me demandez pas pourquoi les gens vont acheter le livre alors qu'il y a plein de recettes gratuites sur internet. Je ne suis pas sûr de savoir me l'expliquer. Je sais juste que cela marche. Malgré la gratuité des recettes de cuisine en ligne, les ventes de livres de recette de cuisine n'ont pas chuté.

L'argent ! Toujours l'argent ! Laissez-moi vous dire honnêtement et je crois que beaucoup adhèreront à ma pensée : « Je produits des livres pour de l'argent, directement ou indirectement ». Quand on a une telle pensée en tête, on ne se leurre pas. Le but n'est pas de remplir le catalogue d'Amazon avec des livres qui ont peu de chance de se lire beaucoup. (Attention : Même si votre livre est le plus pourri comme disent les jeunes, il y aura quelqu'un pour l'acheter). Il faut écrire selon la demande. Et ce dernier outil qui est de loin le plus efficace de mon arsenal est très utile. Si vous ne gagnez pas grand-chose de vos publications, vous serez très déçu et vous allez cesser de produire des livres.

Vous serez d'abord atteint par la « Kindle clignote », cette maladie curieuse qui pousse l'auteur d'un e-book sur Kindle à aller toutes les 5 minutes sur la plate-forme de publication des livres électroniques d'Amazon pour voir si un livre a été vendu. Et, suite à des résultats insatisfaisants, vous quitterez le coin… lol !

Faites bien votre devoir (étude des besoins) et … Au travail alors ! Vous en savez assez pour produire des manuscrits des e-books sur Kindle. Si vous en voulez encore ou si voulez des éclaircissements, écrivez-moi.

Je serai très heureux d'acheter vos livres afin de voir comment cet ebook a pu transformer votre manière de voir les choses.

Ecriture et mise en forme du livre pour la publication kindle

A ce stade, on suppose que vous avez votre manuscrit au brouillon ou que vous avez un canevas à suivre pour sa rédaction. Je vous ai présenté diverses façons d'aborder cette partie de la recherche de sujets et même de la composition du contenu. Je crois sincèrement que pour cette étape de contenu, c'est « finger in the nose » (le doigt dans le nez lol).

Alors, je vais vous présenter maintenant des méthodes simples qui ont fait leur preuve en matière de mise en forme de livre électronique pour le Kindle. Ces méthodes, bien sûr, ne nécessitent pas de grandes connaissances de la programmation ou la maitrise de grands logiciels d'écriture.

La première fois que j'ai abordé l'écriture de livre électronique et même papier, on m'a conseillé un gros logiciel dont je tairai le nom. J'étais dégouté. Le fait d'avoir une copie pirate sur mon PC ne me plaisait pas. Et en plus, je ne crois pas que j'aurai vite maitrisé ce logiciel pour passer à l'écriture. Il est aberrant de constater que j'aurai suivi une formation poussée sur un logiciel pour finalement n'utiliser que le cinquième de ses capacités... et même moins. Au fait, passer des mois à étudier un logiciel avant de produire un livre, c'est l'horreur assuré.

En tant que formateur, j'aime beaucoup les formations personnalisées, basées sur le but escompté et s'appuyant sur le niveau du stagiaire. Je préfère livrer des contenus exploitables et rendre mes stagiaires opérationnels dans les jours qui suivent la fin de leur formation.

Quand on se lance dans une grande aventure (qui peut faire gagner plus et bien), il faut d'abord s'appuyer sur ses forces pour produire quelque chose de concret et puis on évolue dans le métier en cherchant comment automatiser le travail. C'est une conviction profonde. Sinon... vous ne cesserez d'apprendre et vous ne produirez rien. Vous tournerez en rond.

Il existe des milliers de façons de produire un livre sur Kindle. Chacun y va de sa petite méthode ou de sa pile de logiciels fétiches. Personnellement, je travaille avec Word, HTML et Juthoh pour des raisons pratiques et d'habitude. Dans ma profession de formateur, de gestionnaire de site web, et surtout d'auteur, j'utilise ces outils facilement.

Pour ce qui concerne la mise en forme de document pour la publication sur Kindle, je conseille à chacun de tracer une voie en s'appuyant sur ce qu'il a déjà acquis...à travers sa formation, ses études, son métier...

N'allez pas inventer la roue !

Les livres Kindle sont au format AZW qui est un format propriétaire d'Amazon. Tout manuscrit soumis à la plateforme est converti en un fichier AZW. Pour la conversion, Amazon accepte des manuscrits qui sont dans l'un de ces formats :

> Microsoft Word (. Doc),

> HTML (plutôt un fichier zip contenant le fichier html et les images s'il y en a),

> Adobe PDF (. Pdf),

> Texte (. Txt) ou

> Mobi (. Mobi ou. PRC).

Comprenons-nous bien ici : Les livres ne sont pas publiés avec le format utilisé lors de la soumission à la plateforme. Tout manuscrit subit une conversion vers AZW. Ce format n'est en rien qu'un format cousin au MOBI… avec plus de compression et la présence de DRM (Digital Rights Management – Nous en parlerons dans la plateforme de publication).

Pendant les conversions, il peut y avoir de surprise au niveau de la présentation de document : disparition de la couverture, pas de sommaire, nouvelle présentation,… Voilà en fait ce qui complique le travail de la mise en forme de document : Le manuscrit doit être de la bonne forme (au niveau présentation) pour que la conversion soit satisfaisante.

Nous y reviendrons : L'enjeu dans ces histoires de formatage est de trouver un moyen manuel ou logiciel de produire des documents selon le format souhaité par Amazon.

Etant un peu allergique aux logiciels de tout champ (on vous citera Calibre, Mobipocket Creator, Lucidor, Atlantis, Sigil…), à titre personnel, j'enseigne beaucoup l'utilisation du Word (sous MS Office ou Open Office), le pur HTML avec un simple éditeur de texte ou graphique et je présente un outil (Juthoh) qui me facilite la vie.Vous comprendrez évidement que certaines pratiques sont indispensables pour un meilleur rendu. On acquiert cela via un bon logiciel, l'expérience des autres ou en trimant longtemps. Ce livre vous donne les bonnes « practices » dans ce sens.

Notez ceci et observez bien quand vous serez dans la plateforme texte digital d'Amazon (KDP). Quel que soit le format original (parmi ceux cités ci-dessus) utilisé pour le manuscrit, Amazon vous proposera en résultat de conversion, un fichier HTML à télécharger. Ceci a fait dire par certains grands auteurs sur Kindle que le Kindle n'est rien d'autre que du HTML.

En tant que auteur de livres sur Kindle, je ne pourrai que vous conseiller les outils mis en avant par Amazon lui-même pour ses clients. J'insiste particulièrement sur le Mobipocket Creator qui non seulement permet une finalité Kindle mais donne une ouverture vers d'autres appareils. Ce logiciel est gratuit.

Voici les cibles rattachées au Mobipocket Creator :

PC   Appareils dédiés

(Cybook, iLiad, Pepper-Pad)

PalmOs   Windows Mobile   SymbianOs   Blackberry
(PocketPC,   (Series60, UIQ,
Smartphone)   Series80, Series
90)

Je pourrai aussi conseiller, dans la série des gratuits, le « Kindle Previewer » et le « Kindle pour PC/Mac ». Si vous prenez un peu le temps de lire les guides de ces deux applications, vous comprendrez que les formats acceptés sont : .azw, .mobi, .prc, .epub… Et non, le HTML ou le fichier Word. Donc si vous travaillez en local sur votre ordinateur et que vous voulez simulez une vue Kindle, il vous faudra soit convertir le fichier Word en HTML puis passer le fichier HTML dans le KindleGen. Mais cette prévisualisation ne sera pas complète car il vous manquera un fameux fichier .NCX et le previewer pourra vous donner un message d'erreur au sujet de la couverture ou de la table des contenus. Ces points sont des détails importants concernant la navigation en utilisant la liseuse physique. Peu d'auteurs tiennent compte de cela. C'est pour vous dire combien partir d'un manuscrit pour un livre Kindle peut être à la fois simple et compliqué. Si vous ne comprenez rien à ceci, c'est temporaire. Dans la suite, la présentation est plus compréhensible.

Je conseillerai aux auteurs qui ont des documents Word ou HTML d'aller directement sur la plateforme texte digital d'Amazon (KDP) pour tenter la conversion en format Kindle de leur document. Et à le previsualiser là-bas. Avec le savoir et la connaissance liés à ce livre, ils y arriveront sans peine.

Cher lecteur, à la fin de cette étape, vous aurez deux choses :

>> La couverture de votre livre pour la publication sur Kindle

>> Le manuscrit mis en forme pour la publication

Traitons les choses à faire l'une après l'autre.

La couverture

>> La couverture doit être une image au format JPEG ou TIFF

>> La couverture doit avoir une largeur et hauteur minimum de 500 pixels chacune. J'aime travailler avec une image minimum de 600x800 pixels.

>> Vous pouvez engager un spécialiste pour dessiner votre couverture. Il y en a de moins cher en ligne. Dans certains forums américains, vous pouvez initier un concours d'au moins $5-$20 (pour le gagnant) et demander aux participants de proposer une idée de maquette. Il vous suffit d'indiquer lors de ce concours le titre du livre, le nom de l'auteur et d'autres informations que vous souhaitez voir sur la couverture. Le paiement se fait ensuite par Paypal (http://www.paypal.fr – En effet, un compte Paypal est indispensable pour toute personne qui veut travailler sur internet) après sélection d'un gagnant. Ceci permet donc de donner un look professionnel à votre livre car beaucoup jugent le livre par sa couverture.

Le site http://www.fiverr.com contient des graphistes qui pour $5 vous produiraient une couverture professionnelle à votre livre.

>> La méthode de l'artisan consiste à capturer via des outils PC (comme Irfanview à http://www.irfanview.com), une page de votre document Word où vous aurez placé une image suivie en bas du titre de votre livre et de votre nom d'auteur. Voici un exemple d'une telle couverture :

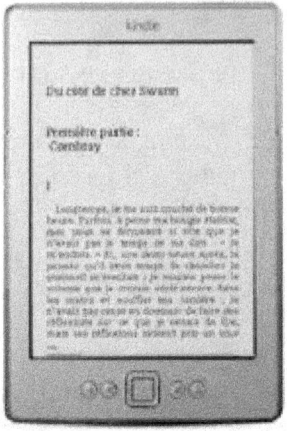

>> Une autre méthode consisterait à prendre une image qui est au format 600x800 pixels minimum puis à juste écrire des informations sur cette image pour en faire une couverture. Cette méthode est vivement conseillée dans le cadre des fictions. Allez dans la catégorie Littérature ou Littérature sentimentale et vous verrez de quoi je parle. On prend une image suggestive et on y ajoute un titre et un nom d'auteur. C'est tout.

De nombreuses images payantes ou libres de droit se trouvent sur internet. J'aime tout particulièrement le site internet FLICK à http://www.flickr.com pour une partie de son contenu dotée d'une licence Creative Commons. Cette licence vous donne le droit d'utiliser même certaines images commercialement. Pour trouver ce type de contenu, il faut juste utiliser la fonction recherche avancée du site et de cocher deux ou trois cases.

☐ Limiter la recherche au
contenu sous licence **Creative
Commons**

☐ Rechercher du contenu à
utilisation commerciale

☐ Rechercher du contenu à
modifier, adapter ou développer

Vous pourrez alors choisir une de ces images et en faire ce que vous souhaitez.

Quand vous avez trouvé une image que vous jugez adapté à votre projet, allez dans Action > Afficher toutes les tailles

Vous pourrez alors choisir une taille supérieure à 600x 800 pixels... puis télécharger l'image sur votre ordinateur. La taille

large et parfois la taille originale conviennent parfaitement.

J'aime beaucoup ce site qui a une grande capacité de « resizing » des images.

En ce qui concerne les couvertures de livres, je vous conseillerai personnellement d'avoir le votre. Une couverture originale. Si les ventes ne décollent pas, changez peut-être de couverture. Je vous ai dit tout à l'heure que beaucoup, en ligne, juge un livre électronique par sa couverture. Il en est de même du titre de votre livre. Le titre est associé à une couverture et les deux font référence à un livre qui n'existe que virtuellement. Partout où votre livre sera suggéré, les lecteurs potentiels ne pourront voir que le titre et une couverture.

Attention : ne prenez pas des couvertures qui ressemblent à s'y méprendre aux livres gratuits d'Amazon. Evitez les associations. Je sais que dans certains forums des templates ou gabarits de ces couvertures se vendent. La question qu'il faudrait se poser est la suivante : souhaiterai-je que mon livre soit confondu avec un livre gratuit ?

J'ai exposé différentes façon de générer une couverture, même gratuitement. Le plus simple reste encore de prendre une photo et d'écrire dessus au moyen de Paint (sous windows) par exemple. Vous pouvez toujours commencer comme cela, simplement… et plus vous aurez des rentrées d'argent, vous pourrez investir dans de la qualité professionnelle.

Regardez ce livre dédié à Steve Jobs. On ne peut pas faire plus simple, côté couverture

Sachez une chose: je l'ai apprise à mes dépends. On ne se ruine pas pour tester une idée ou projet. Abordez toujours le projet d'écriture avec les moyens que vous avez. Investissez plus de temps que d'argent. Et testez si l'idée de publier les ebooks au format Kindle marche pour vous.

En fait, j'ai oublié de vous dire : « cela marche pour moi. » Pas vrai ? Mon livre se vend. La preuve. Vous avez une copie entre vos mains. Quelle belle preuve !

Lisez mon livre: "Pourquoi mes livres se vendent et pas les votres (http://kindle.pbtasse.com)"

41

Ecrire simplement et rapidement

Pour écrire rapidement, vous pourrez avec vos premières redevances, investir sur un outil de rédaction comme Dragon NaturallySpeaking.La version Home coûte moins de 40 euros. Ceci vous permettra de gagner en productivité... et donc rédiger tous vos manuscrits juste en dictant.

Il existe une version plus récente de cet article :

 Dragon NaturallySpeaking Home v11.5 (Micro-casque inclus) ★★★★★ (22)
EUR 32,33
En stock.
Suggestion non pertinente ? Faites-le-nous savoir.

Un manuscrit pour la conversion

Il existe ici deux grandes méthodes simples pour constituer le fichier définitif du manuscrit destiné à la publication sur Kindle. Quand on a ce fichier, on utilise la plateforme Kindle Direct Publishing (KDP) et on soumet ce fichier à la conversion. Ceci se passe lors du processus de la publication.

Je détaillerai la méthode Word et la méthode HTML. Le HTML est un langage destiné à la création des pages web. Word est utilisé comme traitement de texte...dans un package Microsoft Office ou Open Office en général. En matière de mise en forme pour le Kindle, on obtient le même résultat avec les deux logiciels. L'avantage d'Open Office est qu'il est gratuit et qu'il possède un convertisseur en PDF. Cet outil PDF est utile pour produire des livres papier ou d'autres formats de livres électroniques

Pour revenir à ces deux méthodes : Chacune a ses avantages et ses inconvénients.

Globalement, utiliser Word pour mettre en forme des livres pour Kindle est très simple et abordable par tout débutant. Vous pouvez ne produire que des fichiers Word pour vos ebooks surtout s'ils ne comportent aucune image... et surtout quand vous n'avez que faire du sommaire.

Plusieurs auteurs qui utilisent la plate-forme Amazon pour publier sur Kindle conseillent le Word comme fichier définitif. Quand tout est prêt sous Word, vous uploadez le fichier et vous visualisez le rendu dans la plateforme. Si cela ne vous convient pas, vous pouvez encore modifier le document Word et l'uploader de nouveau jusqu'à ce que le résultat soit satisfaisant. C'est vrai qu'Amazon vous propose de modifier un fichier HTML. Il est encore facile pour celui qui ne connaît pas HTML de travailler sous Word et de re-uploader le fichier.

En fait, un livre comme celui ci a pour but de vous amener au succès direct dans cette procédure de formatage. Ce n'est pas un jeu de hasard si vous pouvez du premier coup obtenir une conversion proche de l'original.

Voila alors mon conseil pour aller simplement :

> Ne vous cassez pas trop la tête si vous n'êtes pas technique. Vous pouvez faire abstraction de la table de matière cliquable. Restez sous Word, du début à la fin.

> Si vous êtes trop technique ou bricoleur, vous pourrez mettre en forme votre livre avec un éditeur HTML. J'apprécie tout particulièrement l'outil gratuit Notepad+ à http://notepad-plus-plus.org ou NVU (kompozer) à http://kompozer.net/. Je vous éclairerai sur un morceau de code qui produit un résultat satisfaisant.

Note: Je ne vous conseille cependant pas de rester sur Word définitivement. Car comme je le souligne, il est impossible d'obtenir toutes les fonctionnalité de la liseuse (Sommaire, Aller à...) avec un document simplement écrit sous word et converti par Amazon. Vous démarrer avec Word et vous progressez. Si votre livre a moins de 10 ou 20 pages sans sommaire, vous n'aurez pas de problème. Mais pour un nombre élévé de pages, il faut un sommaire... et permettre au lecteur d'utiliser à fond la liseuse. Word n'est plus suffisant.

Word pour la publication sur Kindle

>> Comme vous avez pu le comprendre, aucun pré-requis n'est nécessaire. Word se trouve dans presque tous les PC. Si toute fois, vous n'avez pas Word, utilisez OpenOffice ou LibreOffice disponible sur le site portableApps à http://portableapps.com

>>Vous avez quand même besoin de connaitre comment faire les sauts de page, les listes et surtout à travailler avec des styles. Vous devez savoir que l'affichage sur le Kindle dépendra de la taille de police choisie par le lecteur et surtout de la taille de son écran. On n'impose pas une mise en page compliqué sur le Kindle.

Optez donc pour une présentation simple des informations, les unes après les autres, sans arrangement avec des tables ou des colonnes.

En utilisant les styles, vous pouvez déterminer globalement la taille de la police du contenu, la taille de la police des chapitres, la taille de la police du titre. Ainsi, si le lecteur agrandit la police lors de la lecture, toutes les polices seront agrandies proportionnellement.

>> Vous devez savoir comment enregistrer dans un format inférieur de Word. Parce qu'à la conversion, les fichiers en .docx ne sont pas supportés.

>> Vous devez savoir aussi comment enregistrer au format HTML web filtré

```
—— Page Web à fichier unique (*.mht;*.mhtml)
   Page Web (*.htm;*.html)
   Page Web, filtrée (*.htm;*.html)
   Format RTF (*.rtf)
```

Voici une petite liste de ma recette pour un bon rendu après conversion depuis un document Word.

>>> Enregistrez votre document sous Word 97-2003. Le document doit être un .doc pas .docx.

```
er :  comment_publier_simplement_sur_kindle_030112.doc

ɔe :  Document Word 97-2003 (*.doc)

      Document Word (*.docx)
rs :  Document Word prenant en charge les macros (*.docm)
      Document Word 97-2003 (*.doc)
```

>>> Prendre comme format le A5 et non le A4.

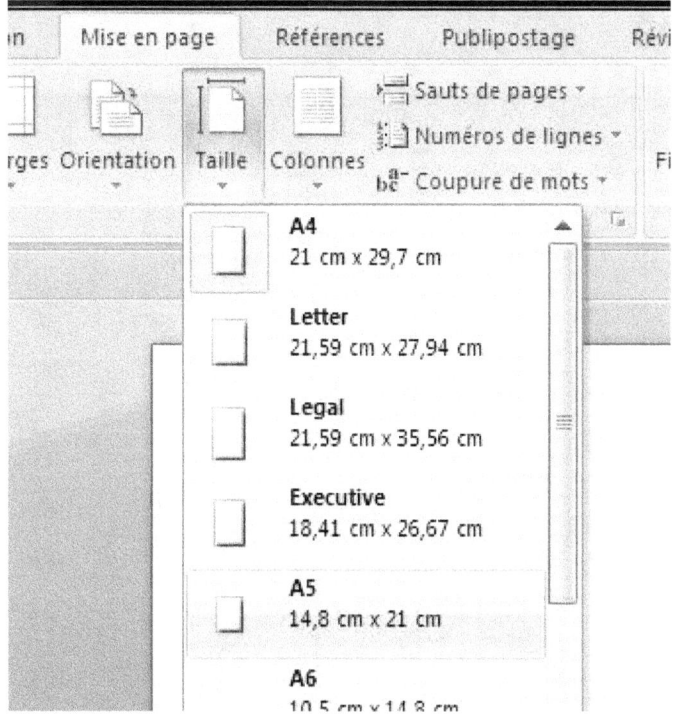

>>> Prendre comme marge la propriété Modéré.

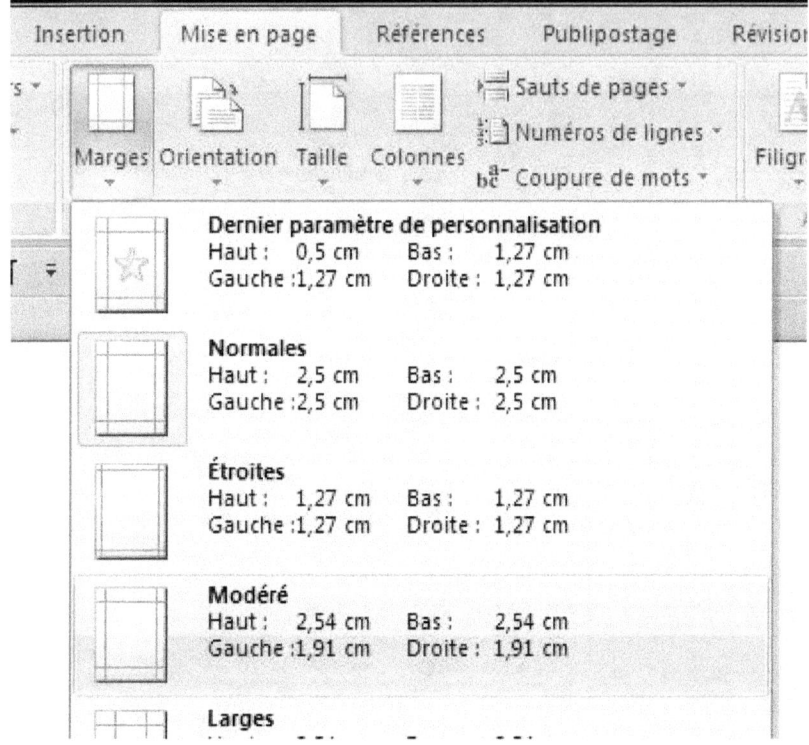

>>> Les images doivent être au format GIF, PNG, BMP ou JPEG. Toutes mes images sont en JPEG

>>> Chaque image ne doit pas dépasser 127Kb en taille.

>>> Comme Police, prenez Times ou Times New Roman, taille 11 ou 12. Pourquoi ? Tout simplement parce que c'est une police très lisible sur écran et installée dans la plupart des liseuses.

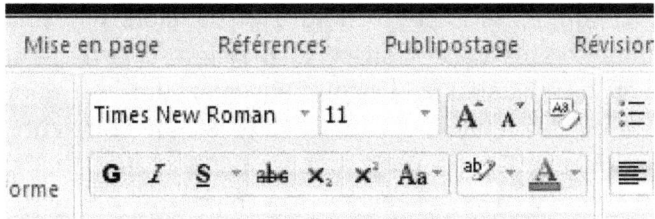

>>> Placez l'alignement des paragraphes sur Justifié

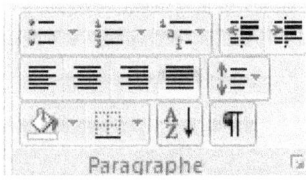

>>> Supprimer tout entête et pied de page. Mettez comme valeur 0. (Même si vous ne les supprimez pas, le convertisseur d'Amazon les retire)

>>> Placez les informations les unes après les autres sans mise en forme spéciale. Pensez juste que la lecture se fait de manière électronique. Le plus important est de déterminer où vous souhaitez que le lecteur voit un saut de page… histoire de faire une cassure entre un long texte et un texte divisé en chapitre.

>>> Ne vous cassez pas la tête avec la table des matières. Commencez sans cela ou lisez la méthode HTML pour voir comment en placer une. Parfois, en créant un bon document Word avec les styles et des stylets et un sommaire créé automatiquement, on a un sommaire pas toujours cliquable et souvent, on y trouve encore des numéros de pages qui n'existent pas sur Kindle. Il m'est arrivé et cela arrive à plusieurs auteurs de devoir corriger la conversion issue de la plateforme de publication. Amazon propose de télécharger un fichier HTML, de le modifier et de le « re-uploader ».

HTML pour produire sur Kindle

> Pré requis : connaître un peu le langage HTML. Mais, il faut savoir que le HTML associé au Kindle peut être rudimentaire. Ce n'est donc pas la peine de sortir ses dernières connaissances de programmation. Amazon, dans sa plateforme de publication donne même la liste des commandes utiles... et certaines commandes n'ont rien à voir avec le HTML. C'est le cas par exemple du saut à la ligne (<mbp:pagebreak />). Pour ce qui est des commandes (ou balises) additionnelles, elles sont utilisées par le système pour reconnaitre par exemple le début du livre, l'emplacement du sommaire...

>Avec HTML, on peut gérer facilement la table de matières. On peut même indiquer son emplacement à la liseuse au moyen des balises TOC (<a name="TOC"/>). Sans pouvoir entrer dans un cours de programmation, retenez juste que la table de matières est constituée de liens qui pointent vers l'emplacement des contenus spécifiques. C'est très facile de créer ces liens ou ces pointeurs. Nous vous l'expliquons dans la suite.

> Avec le HTML, la gestion de la qualité de l'affichage est simplifiée. Ceci est possible au moyen de feuille de style simple, du même ordre expliqué dans le cas du Word.

Je vous donne alors un exemple de gabarit sous HTML que vous pourrez modifier à votre convenance pour l'adapter à votre livre. Mais comme je l'ai dit, il faut un peu de compréhension de ce morceau de code pour s'en sortir. Ceci convient au bricoleur ou même aux personnes ayant un minimum de HTML.

Pour faciliter l'apprentissage, nous allons diviser ce morceau de code en plusieurs parties. En fait, il s'agit pour tout d'un simple fichier. Je vous expliquerai les choses de manière à ce que vous n'ayez qu'à faire de simples copier/coller de votre manuscrit vers le fichier HTML. Ce qui est sûr, c'est qu'au-delà de l'éditeur gratuit que je conseille, vous pouvez bien utiliser des éditeurs WYSIWYG gratuit comme KOMPOZER à http://kompozer.net et NVU à http://net2.com/nvu .

Mais sachez que beaucoup d'éditeur WYSIWYG ajoutent des codes bizarres dans les fichiers. C'est la raison pour laquelle, personnellement, je travaille toujours avec un éditeur texte. Mais cela n'est pas facile pour tout le monde, surtout les débutants en HTML. S'ils ne sont pas guidés, ils ne peuvent pas créer une liste ou même ajouter une image. Normal ! Un langage ne s'invente pas.

Entrons dans ce code. Pour éviter de le retaper et faire des erreurs, vous pouvez le recuperer sur mon site http://kindle.pbtasse.com/kindletemplate.zip

```
1   <html>
2   <head>
3
4   <title>Comment Publier Simplement Sur Kindle En Une Heure</title
5
6   <style type="text/css">
7   P {text-indent: .5em; margin:0;}
8   H1,H2,H3,H4,H5,H6 {text-align: center; margin-bottom: 1em;}
9   hr {width: 50%;}
10  img {border: 0;text-align:center;}
11  PRE {font-style: italic; font-size: 90%; margin-left: 10%;}
12  </style>
13
14  </head>
15
16  <body>
```

La ligne 1 : Tout fichier HTML commence par une balise <html> et se termine par une balise </html>. Nous verrons plus tard où cette dernière balise a été employée

Les lignes 2 à 14 : Elles contiennent l'entête du fichier html. Dans cette entête, on trouve en ligne 4, le titre du livre entre les balise <title > et </title>. Dans les lignes 6 à 12, on retrouve une feuille de style. Le but de la feuille de style est de donner un formatage visuel au livre. Nous avons déjà évoqué le formatage visuel des livre et précisé deux choses : la première c'est qu'on ne peut pas obliger le Kindle aujourd'hui à afficher une présentation compliquée. La seconde c'est que l'affichage dépend du choix de l'utilisateur par la détermination de la grosseur de la police.

La feuille de style proposée ici est vraiment sommaire : créer une indentation à chaque paragraphe, centrer les noms des chapitres, centrer toutes les images, pour le soulignement…ne prendre que la moitié de la largeur de la page.

La ligne 16 : indique que le corps du document y commence. Nous voyons une balise <body> qui sera bien entendu fermée dans les lignes qui suivent. Une des règles en HTML dit que chaque balise ouverte doit être fermée.

La suite…

```
18  <a name="start" />
19  <img src="nom_de_la_photo_de_couverture.jpg"><br/>
20  <h1>Comment Publier Simplement Sur Kindle En Une Heure</h1>
21  <br />
22  <h2>by Pierre Benoit TASSE</h2>
23  <p>Content copyright © Your Name. All rights reserved</p>
24  <mbp:pagebreak />
25
```

Entre les lignes 18 et 23, on trouve la page de démarrage du livre. Avec les informations suivantes : Une photo centrée, le titre du livre, le nom de l'auteur et puis le copyright.

Soulignons que selon le choix de la police ainsi que selon la taille de la photo, on peut ne pas avoir tous ces éléments à la première page.

Pour donner plus de chance d'avoir plusieurs éléments à cette première page, beaucoup d'auteurs ne mettent pas de photo en entrée de leurs ebooks.

La ligne 24 : contient une directive Amazon pour dire qu'à ce niveau il y a saut de page. Quand il y a saut de page, la suite du contenu du fichier n'est pas visible. Pour y accéder, le lecteur doit appuyer sur son bouton suivant (pour aller en avant d'une page) ou précédent (pour reculer d'une page)

Remarquez les lignes 19 et 23 : Toute balise ouverte doit être fermée… Et ici, cela délimite le bloc d'information de la page de départ. C'est le bloc START. Je l'appelle START parce que nous avons baptisé une balise d'ancrage de ce nom là à la ligne 18 avec <a name="start">…

Vous voyez comment il est facile de modifier les informations pour l'adapter à votre livre... si bien entendu vous souhaitez passer par du pur HTML.

La suite !!!

```
26  <a name="TOC"/>
27  <h2>Table des matières</h2>
28
29  <p><a href="#ch1">Chapitre 1 - Pourquoi écrire pour le Kindle</a></p>
30  <p><a href="#ch2">Chapitre 2 - Quelques idées de rédaction de livre au for1
31  <p><a href="#ch3">Chapitre 3 - Ecriture et formatage du livre pour la publ.
32  <p><a href="#ch4">Chapitre 4 - Utilisation de la plate forme de publicatio:
33  <p><a href="#ch5">Chapitre 5 - Promotion du livre électronique</a></p>
34  <p><a href="#ch6">Chapitre 6 - Récapitulatifs</a></p>
35  <p><a href="#ch7">Chapitre 7 - Notes de l'auteur</a></p>
36  </a>
37
38  <mbp:pagebreak />
```

Bienvenue dans le bloc TOC pour dire Table Of Contents. C'est en fait le coin du sommaire. Chaque ligne de code est un pointeur vers un chapitre précis. Remarquez bien ceci dans les lignes : <a href="#ch1">

Le bloc TOC est séparé de la suite par une directive de saut de page que vous connaissez déjà.

Et si nous allions vers les chapitres ?

```
40  <a name="ch1"></a>                                              |
41  <h2>Chapitre 1 - Pourquoi écrire pour le Kindle</h2>
42
43  le contenu de votre chapitre 1 ici <mbp:pagebreak />
44
45  <a name="ch2"></a><h2>Chapitre 2 - Quelques idées de ré
46
47  le contenu de votre chapitre 2 ici <mbp:pagebreak />
48
```

Chaque chapitre est séparé de la suite par une directive de saut de page que vous connaissez déjà. Ceci oblige donc le lecteur à appuyer sur un bouton pour changer de chapitre. Il peut aussi arriver à un chapitre depuis le sommaire.

Au niveau des chapitres, les lignes 40 à 43 sont répétées

chaque fois. Ce qui change c'est l'appel du nom ch1, ch2...
dans les directive <a name="_quelque_chose_ici_">

Pour faire clair, l'appel en ligne 29 avec <a href="#ch1">
renvoie à la ligne 40 avec <a name="ch1">. Et les choses
marcheront toujours par paire comme cela.

Enfin pour terminer le fichier de code

```
69
70   </body>
71
72   </html>
```

Nous y trouvons des balises utilisée au début du fichier. Et
donc j'invoquais leur fermeture prochaine.

Il est important de savoir ce qui suit car le Kindle permet
d'accéder à un point spécifique du livre. On peut aller au début
du livre, on peut aller à la table des matières, on peut aller à la
fin du livre ou tout simplement on peut aller au début d'un
chapitre.

Rappelons les trois directives importantes:

<mbp:pagebreak/> : Ceci créé un saut de page. On place cette
directive au début ou à la fin de chaque chapitre

<a name="start">: Ceci se place en début du livre avec les
informations sur le titre, le nom de l'auteur et parfois une
image en début de livre

<a name="TOC">: Le Kindle via cette directive ouvre à la
page contenant la table des matières

Le fichier au format HTML est un fichier simple prenant par exemple pour nom lelivre.html

Toutes les images sont placées dans le même dossier que ce fichier html. Puis on compresse l'ensemble dans un fichier ZIP et c'est cela qu'on uploade sur la plateforme d'Amazon.

Trop compliqué ? Il est vrai qu'il faut connaitre le html pour modifier comme il faut le contenu. Le but d'avoir ce gabarit est juste de le copier dans un document html et d'utiliser un éditeur de texte pour modifier le contenu afin qu'il soit prêt à être exploité dans la plate forme d'Amazon ; Il suffira d'ajouter du contenu sous la forme de paragraphe.

Donc de la forme

<p> voici mon contenu 1 ici </p>

<p> Ceci est un nouveau paragraphe.. </p>

En HTML, chaque paragraphe commence par <p> et finit avec </p>. J'espère que ce fichier exemple vous aidera. Comme je l'ai souligné, il est disponible sur mon site personnel dédié au Kindle : http://kindle.pbtasse.com/kindletemplate.zip.

Je ne vais pas vous décourager en vous disant qu'utilser HTML pour la publication Kindle n'est pas aisé. On perd beaucoup de temps même avec un logiciel WYSIWYG.

Certrains travaillent sous Word puis enregistrent à la fin en fichier HTML filtré pour le web. Mais nous savons qu'un tel fichier est rempli de balise... donc pas assez propre comme un fichier pur HTML. En plus, il n'y a aucune garantie que l'on puisse dépuis le kindle àller sur la couverture, aller sur la table de matières, aller au debut du livre... C'est à demi-mot que Amazon dans son guide simplifié de publication présente le kindleGen ou le MobiPocket Creator.

La suite du HTML selon Amazon

Avant cela, rappelons ce que nous avons dit plus haut :

> Après avoir créé un document sous Word au format A5 où nous avons respecté les styles, nous pouvons uploader cela sur la plateforme digitale texte... pour une conversion en format Kindle. Notons que le format définitif AZW n'est pas visible hors du Kindle lui-même. Entre l'auteur et la plateforme, les échanges se font naturellement en HTML.

> Après avoir créé un fichier HTML, nous pouvons le compresser au format ZIP... avec les images s'il y en a. Puis nous pouvons l'uploader sur la plateforme Digitale Texte pour la conversion en Kindle.

Voila les deux points évoqués.

Allons plus loin selon Amazon. Il conseille en effet d'utiliser le MobiPocket Creator, un de ses produits en fait. Avec ce logiciel vous n'avez pas besoin de connaître ni Word ni HTML. MobiPocket Creator est gratuit et graphique d'où intuitif. Il peut permettre de générer des fichier en .mobi. Nous avons déjà expliqué plus haut que c'était un cousin germain à l'AZW d' Amazon.

En fait, je souhaitais seulement souligner ici que depuis le MobiPocket Creator, on peut obtenir un document MOBI, Page Web filtrée (HTML) et PRC. Tous ces trois formats sont directement acceptés pour la conversion sur la plateforme digitale texte d'Amazon (KDP).

La cerise sur le gâteau c'est que vous pouvez pré-visualiser le

PRC ou le MOBI avec l'outil Kindle Previewer. Et si vous êtes satisfait du résultat, vous pouvez télécharger le fichier sur KDP.

N'oubliez pas que : Vous pouvez aussi, si vous souhaitez previsualiser votre livre avant d'aller sur KDP, passer le fichier HTML au travers de KindleGen. Il vous produira un .MOBI exploitable. Amazon donne comme avertissement que seul son KindleGen est homologué. Bref, il est impossible après avoir passé le livre au travers du kindleGen de se retrouver avec des surprises que produirait le MobiPocket Creator. D'où l'intérêt de jouer un peu avec cette application de passage de HTML vers .MOBI

En important vos fichiers dans MobiPocker Creator vous pouvez être assuré que toutes les fonctions GOTO (aller à) de la liseuse seront activées. Paaser un fichier HTML dans le KindleGen.exe ne garantit pas cela.

Raccourcissons le processus: Pour avoir un ebook complet avec la table de matières et toutes les fonctions de la liseuses activées, beaucoup passent par MobiPocket Creator (http://www.mobipocket.com) directement.

Compliquons encore un peu en gardant la table de matières:

1) Ecrivez votre ebook en utilisant le programme opensource appelé Sigil (http://code.google.com/p/sigil). Il vous créera un livre avec table de matières. Vous pourrez le sauvegarder en fichier .epub.

2) Après avoir obtenu ce fichier epub, utilisez Calibre (http://calibre-ebook.com) pour convertir le fichier .epub en fichier .mobi. Ceci peut aussi se faire avec MobiPocket Creator.

3) Tester sur le Kindle previewer pour être sûr que le fichier .mobi que vous avez créé se vfoit bien.

4) Uploadez tout sur KDP si vous êtes satisfait... et commencez à recevoir des redevances;

Publiez selon Jutoh

Pour moi, Jutoh n'est pas un choix arbitraire. Imaginez que pour remplir votre tâche de publication, vous devriez utiliser 3-4 outils différents. Pourquoi ne pas choisir un seul outi performant, le maitriser comme il faut et toujours l'utiliser ?

Quand on connaît son outil de production, on réduit le temps de mise en œuvre du produit final. Et si on est satisfait par l'outil pourquoi en chercher d'autre ?

Je me suis un peu intéressé à Jutoh à http://www.jutoh.com. Pourquoi ? En fait parce que je trouvais en cet outil la possibilité de générer tout cc qu'il faut pour le Kindle et pour d'autres liseuses.

En fait, Jutoh qui est un outil payant (environ 30€) permet d'obtenir des documents selon les formats comme epub, mobi, HTML, ODT (lié à Open Office). Il permet de créer une couverture et une table de matières facilement. Au niveau configuration et test, il intègre le KindleGen et le Kindle previewer.

Ma plus grande interrogation a été la suivante : Puis-je créer un livre papier à partir de ce logiciel ? En fait pour créer un livre papier, j'ai besoin d'un fichier pdf au format A5. Alors me suis-je adressé au support. Et voici la réponse à mon email (écrit par Julian Smart julian@anthemion.co.uk - N'hésitez pas à lui écrire si vous avez des questions) :

« Oui, vous pouvez sélectionner la configuration OpenDocument (ODT) dans Jutoh, cliquer sur Compile, lancer OpenOffice / LibreOffice, puis faire Fichier -> Sauvegarder en

PDF. Vous devriez au préalable ajuster le format de votre page, insérer les numéros de pages, etc. avant de sauvegarder en PDF

Qui ne voudrait pas utiliser un tel outil qui ne requiert aucune connaissance de Word, ni HTML. Si vous ne connaissez ni l'un ni l'autre, investissez dans ce logiciel... Juste pour vous rassurer, je ne possède aucune part dans cette entreprise Jutoh.

Pour ce qui est de la mise en forme du document pour la publication, à vous de trouver votre outil. On vous en proposera toujours. Et si vous faites des recherches sur le net, vous en trouverez d'autres. Je crois personnellement que Jutoh est pour moi un bon investissement. Je n'aurai pas su comment gérer les différentes version d'un même livre. Aujourd'hui, je peux avec la même application, produire pour toutes les liseuses et publier au format papier. Ce livre, en version électronique, est généré avec jutoh!

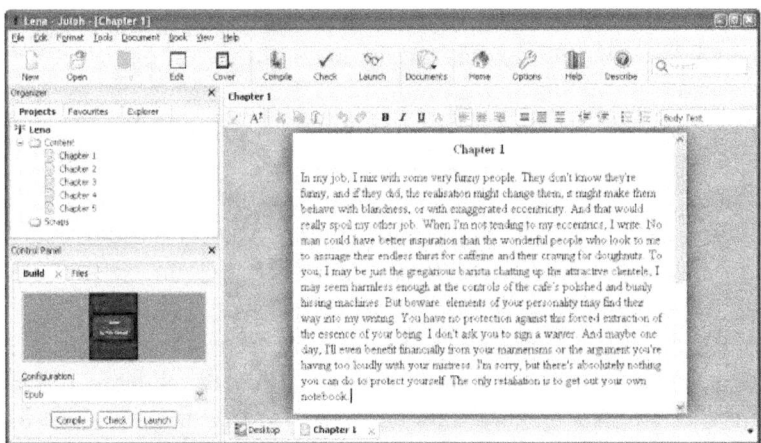

Utilisation de la plateforme KDP

Avant d'entrer dans la plate-forme KDP, il serait intéressant pour nous de discuter de certains points. La discussion est ouverte.

> **Prix** : Dans le guide de publication des ebooks sur Kindle, il est question d'une question que beaucoup se pose à la publication de leur livre électronique. « <u>Combien vais-je gagner à la vente de mon livre ?</u> ». Et, il n'est pas étonnant qu'Amazon réponde clairement.

En fait, c'est selon le prix de vente de votre livre que se décide combien vous allez gagner. Vous recevez une redevance égale à 70% de la vente de votre livre s'il est vendu entre 2,60 euros et 8,69 euros.

Si votre livre est vendu entre 0,86 et 173,91 euros, vous avez droit à 35% des ventes faites dans le catalogue en ligne.

Pour moi, les choses sont très simples : Je toucherai 35% pour des livres à 99 cents... et 70% pour des livres vendus à 2.99 euros ou 4.99 euros. Ce qui décide le prix du livre, c'est d'abord le nombre de pages du contenu. J'aurai aimé proposer les prix en fonction de la qualité mais les lecteurs ne pourront pas forcément juger. D'où la n nécessité de produire des livres courts de grande qualité pour venir en renfort aux livres de plusieurs pages et de grande qualité. Plus, lorsque le livre a plus de 60 pages, automatiquement, je produits une version papier sur CreateSpace (j'en ai parlé plus tôt) d'une dizaine d'euros ou plus

Il faut faire attention au fait que vendre un livre cher ne signifie pas forcément que vous allez gagner beaucoup. Y aurait-il un piège derrière les 70% de redevances ? Imaginons que vous proposez votre livre à la vente à 8 euros. A ce prix, vous toucherez comme commission 5,60 euros. Imaginons maintenant que le même livre est vendu à 15 euros. La redevance serait alors de 5.25 euros. Donc vous comprenez pourquoi il faut penser à vendre vos livres en dessous de 9 euros.

> **DRM** : Protéger ou ne pas protéger contre la copie ? Je ne suis pas toujours pour la protection forcée. Peut être parce que j'utilise la copie à mon avantage. Si vous avez compris le concept présenté dans ce livre, la copie ne sera plus un problème pour vous. Aucun système n'est inviolable. Dans le cadre des ebooks, placez des livres à 99 cents sans protection et les livres plus cher avec protection. Pour chaque livre cher (au-delà de 4 euros), publiez une version courte et alléchante à 99 cents.

> **ISBN** : Pour ou contre le fait d'avoir son propre ISBN. C'est vraiment à étudier. Sans ISBN personnel, je peux démarrer directement sans inquiétudes ou démarches supplémentaires. Pour obtenir un numéro, il faut patienter trois semaines. Mais suis-je dans l'erreur pour l'avenir? Pour avoir cet ISBN personnel, il faut faire la demande à l'Afnil à http://www.afnil.org/pdf/Afnilformulaire%20AUTEURS_06-09.pdf . Sinon Amazon vous en propose un gratuitement sans aucune formalité.

> **Cibler les clients via les mots clés** : Il suffit de lancer l'outil d'analyse des mots clés et d'en piocher ceux que vous trouvez adapté à votre livre. Vous avez droit à 7 mots clés.

Préparation

> **Création de compte** : Si vous n'avez pas de compte sur le KDP, il faut préalablement en créer. C'est gratuit et disponible en plusieurs langues. L'adresse est https://kdp.amazon.com/self-publishing/signin

Si vous avez déjà un compte Amazon, vous vous connecterez simplement avec vos login et mot de passe. Nous parlons bien de ces informations qui vous permettent d'effectuer des achats en ligne.

> **Document de publication** : J'ai l'habitude pour chaque livre de rédiger un petit document de publication. Cela peut être juste une page ou deux de Word ou même un simple fichier texte. Je place ce document dans un dossier créé sur ma clé

USB et qui contient le manuscrit prêt à être publié avec la couverture et toutes les versions du livre en attente de publication. En fait chacun a sa méthode. Soyez organisé. C'est le plus important. Le document de publication contient : le titre, la description, le prix du livre, les catégories, les mots choisis par vous pour être des mots clés ou des tags...

Quand vous avez ce document, le remplissage des champs de la plate-forme pour le livre devient aisé. Ce n'est pas devant l'interface que vous réfléchissez. Il faut toujours anticiper cette démarche pour vous projeter dans le produit et sa vente.

Mise en ligne

> <u>Connectez-vous</u> à votre espace sur KDP

Bibliothèque   Rapports   Communauté   KDP Select

> Sur la gauche, vous voyez Actions et Ajouter un nouveau titre. Cliquez sur le bouton et Ajouter un nouveau titre

Actions ▾   Ajouter un nouveau titre   Affichi

Sélectionner tous   Titre   Contributeurs

Quand vous avez cliquez sur ce bouton, vous êtes conduit à une page où vous devez fournir les informations sur votre livre.

>> D'abord, le <u>titre</u> : pensez à un titre accrocheur contenant des mots clés

>> Puis, la <u>description</u> : Vous avez droit à 400 mots. Essayez de rédiger une description avec le Maximin de mots que vous pouvez. Quand je vois des descriptions d'une phrase, je suis toujours étonné. Vous avez là une bonne occasion de captiver

vos futurs lecteurs.

>> Comme contributeurs, vous êtes forcément l'auteur. Mettez-y votre nom ou tout simplement un sobriquet.

>> Dans les détails de la publication, choisissez la langue française, placez l'url de votre site, la date de publication puis l'ISBN si vous en avez.

>> Pour les catégories, vous avez droit à 5. Placez-y les 5 que vous avez repérés en fouillant le catalogue d'Amazon. Vous comprenez maintenant l'importance de mon fameux document de préparation ? Ce n'est plus maintenant que vous allez réfléchir.

>> Les mots clés du livre : Placez-y les 7 mots choisis et validé comme recherché par plusieurs personnes sur internet.

>> La couverture : Uploadez une couverture d'au moins 500 pixels de côté en JPEG ou TIFF. Nous avons largement parlé de la façon de la créer. Je travaille avec du 600x800 pixels.

Télécharger une image (facultatif)

La couverture de votre livre est également :

- l'image produit dans les résultats de recherche Amazon
- l'image produit sur la page détaillée de votre livre

☐ l'image de la première page de votre livre (décocher cette case si le fichier de votre livre inclut déjà une telle image)

Une bonne couverture s'affiche aussi bien en taille réelle qu'en miniature. Si vous ne téléchargez pas d'image de couverture, une image standard sera utilisée en remplacement.
Voir un modèle d'image standard de remplacement
Vous pouvez à tout moment modifier la couverture ou télécharger une nouvelle couverture pour votre livre.

> Règles pour les images produits

Rechercher une image...

>> Les droits numériques ou DRM : A vous de voir selon nos discussions

>> Fichier du livre : Uploadez un livre selon l'un des formats cités. Personnellement, j'utilise du HTML zippé ou du simple Word (en .doc) en format A5. Je prévisualise pour être sûr que tout se voit bien.

5. Télécharger le fichier de votre livre

Choisir une option de gestion des droits numériques (DRM) : (Qu'est-ce?)

    Activer la gestion des droits numériques (DRM)

    Ne pas activer la gestion des droits numériques (DRM)

Fichier du contenu du livre:

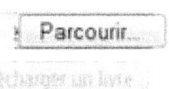

> Tout savoir sur les règles de contenu pour KDP
> Aide pour la mise en forme

 Téléchargement et conversion réussis !

Prévisualisez votre livre pour vérifier que le fichier converti s'affiche correctement en format Kindle en cliquant sur **Prévisualiser le livre**.

    Prévisualiser le livre

>> cliquez Sauvegardez et continuer

>> Droits et Prix : Choisir droits internationaux et placez un prix selon les redevances que vous voulez.

>> Possibilité de prêt : Selon le guide de publication sur Amazon, « la *fonction Prêt de livres Kindle permet aux utilisateurs de prêter des versions numériques des livres qu'ils ont achetés dans la Boutique Kindle, à leur famille et leurs amis. Chaque livre peut être prêté une fois pour une durée de 14 jours et ne pourra pas être lu par le prêteur pendant toute la durée du prêt. Par défaut, tous les titres KDP sont inscrits pour le prêt. Pour les titres avec l'option Redevance à 35 %, vous pouvez choisir de désactiver cette fonction en décochant la case Prêt de livres Kindle, mais vous ne pouvez pas désinscrire un titre s'il est inclus dans le programme de prêt*

71

d'un autre circuit de vente ou de distribution. » Of course ! Je permet que mes livres à 99 cents soient prêtés par tout le monde.

>> Cliquez sur sauvegarder et publier.

Suivi des ventes

Pour commencer, notons qu'il est facile de savoir si un livre n'a jamais été vendu. Il suffit, dans la page produit, en dessous de la description, de regarder le classement du livre dans les ventes en général ou selon 3 ou 4 catégories du catalogue en ligne.

Ce classement, c'est ce qu'Amazon appelle dans la version anglaise l'Amazon Sale Rank. Je vous parle de l'Amazon Sale Rank dans le but d'évoquer avec vous une théorie mise en place par des professionnels de la vente mais qui n'a jamais été confirmée (à mon avis) par Amazon lui-même. Amazon dans la page relative à l'explication sur cette notion de classement interne est assez vague sur le sujet. Oui ! Il se pourrait qu'il existe un lien entre l'Amazon Sale Rank et le nombre de livres vendus. C'est très probable. Et cette relation entre vente et classement est d'ordre exponentiel. Je vous fais grâce de la formule. Par contre, je vous donne l'évaluation suivante en guise d'illustration.

Amazon Sale Rank	Actual Books Sold per week
75-100	250-275/wk
100-200	225-249/wk
200-300	150-200/wk
450-750	75-100/wk
750-3,000	40-75/wk
3,000-9,000	15-20/wk
10,000+	1-5/wk

73

(Source : http://www.rampant-books.com/mgt_amazon_sales_rank.htm)

J'aimerai tout juste noter ici une chose avant de continuer. L'Amazon Sale Rank peut être faussé. De petits malin sur internet aurait trouvé une parade afin de diminuer leur classement. Je précise bien diminuer. En fait, plus le Sale Rank est faible et plus cela signifierai que que vous vendez plus de livres.

Une petite parenthèse : Le Sale Rank n'est pas la seule chose que vous pouvez truquer. Vous pouvez payer pour avoir des commentaires, vous pouvez payer pour avoir des tags…Je ne vous donnerai aucun lien de site ou d'adresse. Sachez juste que cela se fait et relativisez face à des percées surprenantes de vos concurrents. J'ai vite compris que la meilleure façon de se positionner ou de gagner encore plus, ou de lutter contre le piratage de vos livres, c'est de publier encore et encore. Je vous ai donné assez de ressources pour cela.

Pour visualiser le nombre de ventes, allez dans la partie **Rapports** du site KDP.

Bibliothèque   **Rapports**

1. Volume des ventes du mois courant
Affiche le nombre de transactions commerciales unitaires pour le mois en cours et le mois précédent

2. Redevances pour les six semaines précédentes
Affiche vos redevances pour les six dernières semaines

3. Redevances pour les mois précédents
Affiche vos redevances pour les 12 derniers mois. Ces rapports sont générés pour le 15ème jour du mois.

Veuillez consulter nos conditions générales de vente pour plus d'informations sur le paiement de vos redevances.

Vous pouvez au jour le jour voir le nombre de livre vendu. Vous pouvez aussi accéder aux résultats des ventes des mois écoulés... sur un an seulement... mais c'est déjà beaucoup d'avoir tout cela.

Voir le rapport pour Amazon.fr ▾   Rechercher   (OK)

Semaine se terminant le	Titre	Auteur	Code ASIN	Unités vendues	Unités remboursées	Nor ven
26/11/2011	Sexe. Man	Pierre Ben	B005W3LBPI	1	0	
24/12/2011	Sexe. Man	Pierre Ben	B005W3LBPI	2	1	
31/12/2011	Sexe. Man	Pierre Ben	B005W3LBPI	3	0	
31/12/2011	Promotion	Pierre Ben	B003ZYEUZE	1	0	

Inutile donc d'avoir la « Kindle clignote » comme j'aime le nommer. Vous pouvez vous connecter une fois par jour pour voir vos ventes. Ceci surtout en début de publication d'un livre.

75

Ce n'est pas tellement le nombre de ventes qui est intéressant…mais c'est surtout le nombre d'unités remboursés qui devrait vous inquiéter. Un livre remboursé de temps en temps, cela va encore. Mais si tous vos livres ou presque acheté sont retournés, analysez bien les choses. Voici quelques causes possibles : la description de votre livre ou son contenu n'est pas en accord avec ce qui est attendu, la mise en forme laisse à désirer…

Amazon ne possède pas aujourd'hui un système de notification de produits vendus au niveau des livres électronique et même papier.

Paiement des redevances

Dans votre compte, vous avez sûrement renseigné les informations en rapport avec vos paiements des redevances pour les livres vendus.

Le paiement peut se faire par chèque. C'est la méthode que je préfère dans le business internet. Vous ne pouvez pas imaginer combien c'est plaisant de recevoir par la poste un chèque pour des activités que vous avez faites chez vous en pyjama. Si vous vendez des livres dans plusieurs sites et/ou que vous avez d'autres activités dites d'affiliation (j'en parle dans un de mes livres « comment gagner de l'argent sur internet avec le marketing d'affiliation »), vous pouvez recevoir chaque mois des chèques à votre domicile. Ce qui est intéressant pour les livres électroniques c'est que vos efforts se cumulent. Vous continuez à encaisser des redevances pour des livres que vous avez publiés depuis des mois ou années. Il suffit juste qu'il y ait des ventes.

Vous pouvez cependant opter pour les virements automatiques de vos redevances. Dans ce cas, il faut renseigner vos informations de compte dans KDP, pour chaque boutique séparément.

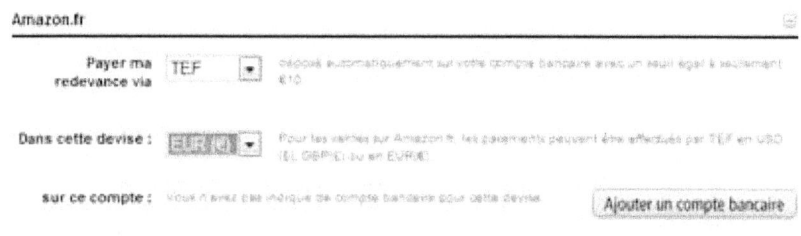

Il y a quelques choses que beaucoup ne comprennent pas dans le domaine de l'affiliation en général (j'en profite pour vanter mon livre…lol !) c'est quand est ce que l'on nous paye, c'est cette histoire de frais bancaire ou cette chose bizarre qu'est le seuil.

Eclaircissons simplement ici et sans forcer les notions citées plus haut :

Les vendeurs (comme Amazon) payent quand vous avez franchi un seuil. C'est-à-dire un montant précis de redevance. Ce montant dépend de la manière dont vous voulez recevoir votre argent. Le seuil pour les virements bancaires a été fixé chez Amazon à 10 euros contre 100 euros (ou dollars) pour les paiements par chèque. Les redevances s'accumulent mois après mois pour bien sûr atteindre le seuil.

Quand vous avez franchi le fameux seuil, vous ne recevrez votre chèque que 60 jours plus tard. Donc au démarrage d'une activité comme la publication de livres électroniques sur Kindle, n'espérez pas être payé avant 60 jours + 1 mois, c'est-à-dire 90 jours. Pour compter : Un mois au cours duquel vous aurez bien vendu au point de dépasser le seuil. Vous aurez alors déclenché une alerte au paiement qui vous sera versé 60 jours plus tard. Si vous êtres dans la progression, tous les mois à partir de ces 90 jours, vous recevrez alors un chèque à votre domicile... ou bien entendu, votre compte bancaire sera crédité.

Si vous recevez un chèque en euros, vous n'aurez aucun frais à payer à la banque. Si par contre, votre chèque est en dollar, nous aurez des frais de conversion lors du dépôt de votre chèque en banque. De plus, j'ai eu la désagréable surprise de constater que toutes les banques n'acceptaient pas des chèques en dollar en France. Dommage !

Pour ce qui est des sommes en dollars, il faut placer un seuil élevé à cause des frais de conversion à la banque.

Parfois, vous devez remplir des documents administratifs rattachés aux impôts des USA pour signifier que vous n'y résidez pas et que votre business n'est pas rattaché à une entreprise locale. Si vous ne remplissez pas ce document, ils peuvent vous payer mais ils retireront de votre chèque des frais de l'ordre de 30% pour payer leur IRS. (http://www.irs.gov)

Promotion du livre numérique

Je vais limiter ce chapitre de promotion à une dizaine d'astuces et techniques que vous pourrez utiliser facilement pour faire la promotion de votre livre.

Soulignons que même si vous ne faites aucune promotion, votre livre se vendra. Pas comme vous souhaitez…mais elle se vendra un jour (ou quand même). Ceci est du au fait que votre livre se trouve dans un catalogue et sur un marché. En plus, Amazon.fr possède une flopée d'affiliés (qui peuvent faire la promotion pour vous) et ses clients sont nombreux et variés.

Juste pour la petite histoire : mon premier livre sur Kindle, je n'avais écrit aucun mot. J'avais pris un livre dans le domaine public, effectué un formatage basique via la méthode Word et mis en ligne. J'en ai vendu quand même sans aucune publicité jusqu'au jour où Amazon.com m'envoya une note en me disant que mon livre était du domaine public et qu'il ne pouvait plus continuer à le vendre.

Je profite de cette occasion pour m'étendre sur le sujet comme nous n'en avons pas parlé. Vous pouvez acheter deux ou trois livres du domaine public et les mixer. Vous pouvez retravailler des textes du domaine public et les vendre. Ceci en ajoutant des images, en portant des commentaires et annotations... Allez par exemple chez Gutenberg à http://www.gutenberg.org pour trouver des textes libres de droits. Aujourd'hui, je ne vends que des œuvres originales. Mais c'est un choix.

Méthode et outils de promotion

Voici quelques outils de promotions :

> **Facebook** : Créez une page Facebook pour votre livre et traitez-y des sujets en rapport sans bien sûr dévoiler complètement les écrits du livres. Normalement, l'extension de votre produit sur Facebook serait des produits dérivés comme des cours, des vidéos ou tutoriaux en mode audio ou vidéo. Avec des fibres marketing, vous pouvez prendre un produit vendu 2.99 euros pour en faire un empire (site avec des membres, formation à distance, formation en présentiel, vidéos de tutorial, journaux,...)

> **Vidéo** : Faites une vidéo promotionnelle de votre livre et publiez la sur Youtube, DailyMotion, Myspace, Facebook... Et même maintenant, Amazon accepte les vidéos sur les produits

> **Autres livres** : Dans chacune de vos publications, évoquez d'autres livres déjà publiés. Dans le livre, placez un lien direct vers vos précédentes publications. Pour avoir utilisé le Kindle, vous savez comme moi qu'on peut acheter n'importe quel livre via un clic.

> **Carte de visite** : Placez votre publication sur votre carte de visite. Si vous trouvez le lien très long, utilisez un alias. En effet, tout produit Amazon est accessible via cet url : http://www.amazon.fr/dp/ASIN pour la version française et http://www.amazon.com/dp/ASIN pour la version anglaise. Donc il suffit de regarder quel est l'ASIN de votre livre sur la page produit. L'ASIN est en fait l'ISBN-10. L'url suivant http://www.amazon.com/dp/1453664483 permet par exemple d'accéder en un de mes livres publiés sur Amazon.com

> **Blog** : Vous pouvez créer un blog pour votre livre. Utilisez une plateforme gratuite comme blogger à http://www.blogger.com pour commencer gratuitement et rapidement. Faites des posts chaque semaine sur votre livre et peut être sur l'actualité en rapport avec le sujet du livre.

> **Commentaires** : Encouragez les lecteurs à commenter sur Amazon, à la page produit du livre. Quand il n'y a pas de commentaires, beaucoup de clients potentiels pensent que le produit ne se vend pas. En plus, les commentaires apporte la confiance. « Si les autres ont aimé le livre, pourquoi je ne l'aimerai pas aussi » se disent les visiteurs. Je lance une invitation à ceux qui lisent ce livre d'aller placer leur commentaire. Je vous en remercie par avance pour ce geste.

> **Backlinks** : Achetez un domaine avec comme mot clé le nom de votre livre (ou quelque chose de proche selon que je vous ai montré dans l'exemple du gâteau au yaourt) et pointez ce domaine sur votre page produit. Eh oui ! Ceci n'est pas à la portée de tous. Je peux vous y aider puisque c'est mon métier. Un domaine coûte moins de 10 euros.

> **Prix** : Faites une campagne promotionnelle avec un prix bas de 99 cents pendant une semaine ou de quelques jours pour un livre qui vaut 2.99 euros. Notez que plus un livre est vendu et plus il est exposé. Vous connaissez la section « Produits fréquemment achetés ensemble » ou la section « Les clients ayant acheté cet article ont également acheté » des pages produits du site amazon.fr.

En fait, je vous expose une idée intéressante là : Quand vous avez créé un produit vendu sur Kindle à 4.99 euros (comme ce livre par exemple), publiez toujours une version light en introduction et vendu 99 centimes. Ceci permet aux lecteurs de se familiariser avec votre style et vos œuvres. Et permet aussi de garder toujours le prix de 4.99 euros inchangé. Vous devez savoir que lorsque les lecteurs ont lu un de vos livres et qu'ils ont aimé, il y a de fortes chances qu'ils achètent un autre livre écrit par vous. N'écrivez donc jamais un seul livre. Variez les prix selon le nombre de page et le but de votre publication.

> **Page auteur** : Amazon possède une page auteur. Renseignez là et échangez sur votre livre avec d'autres auteurs. Il existe une plate-forme Auteurs. N'hésitez pas à vous en servir.

> **Le titre de votre livre** : Il n'y a rien de plus alléchant qu'un titre de livre. Il y a des mots vendeurs… J'aime bien les mots « comment », « facile », « simple », « rapide »,… Pour choisir un titre pour un livre, je recherche d'abord combien de fois ce mot a été recherché pendant le mois sur Google. Je vous ai montré comment effectuer gratuitement cette recherche au début de ce livre.

> **Description** : Pour la description de votre livre, lâchez-vous et ne parler que intérêt pour l'acheteur. Si vous ne comprenez pas ce que je dis, relisez la description de ce livre. Vous a-t-elle attirée ? Qu'avez-vous compris en la lisant ? Une description doit montrer ce que le client va recevoir en achetant le livre. La description ne doit pas être basée sur un mensonge. Soyez honnête, vendeur et accrocheur. Utilisez des mots clés ou recherchés dans votre description. N'oubliez pas que même sur le site d'Amazon vous pouvez booster le référencement de votre livre via ces mots.

> **Tag** : Les tags sont des labels posés sur un produit. Ils aident au classement, dans la recherche (des autres produits ayant le

même tag),… L'auteur peut ajouter des tags tout comme les lecteurs. Les tags sont un peu méconnus (peut être à cause de leur placement sur la page produit) mais leur importance n'est plus à démontrer. Vous pouvez ajouter jusqu'à 15 tags par produit.

> **Forum** : les forums peuvent permettre se de faire connaître et donc booster les ventes d'un livre électronique.. Il y a a en effet deux types de forum intéressants : Les forums des auteurs des livres sur Kindle hébergé par Amazon et des forums publics sur internet que vous pouvez trouver facilement avec comme recherche « forum + un_theme_selon_votre_livre ».

Voici en fait comment aborder l'un ou l'autre : Dans le forum des auteurs, on a pris pour habitude de lire les livres des autres auteurs. Vous pouvez proposer votre livre à la lecture contre la mise en place de commentaires ou des tags. Dans un forum public, vous pouvez passer pour un expert dans un secteur du forum en rapport avec votre livre. Vous pourrez alors répondre gratuitement aux questions des internautes après avoir personnalisé votre signature (qui devrait pointer vers votre livre vendu sur Amazon).

> **Mon livre sur le sujet** : …et enfin allez voir du côté d'une de mes anciennes publications sur la promotion et le marketing de site web vendue sur Amazon.fr à
http://www.amazon.fr/dp/B003ZYEUZE

Promotion et Marketing de Sites Web de Pierre Benoit TASSE
Acheter EUR 2,99
Disponible pour le téléchargement maintenant
Boutique Kindle: Voir l'ensemble des 67 articles

Suivi de la promotion

> **Google alertes** : J'aime bien cet outil gratuit de Google que j'utilise activement pour recevoir des informations dans ma boite email sans aller fouiller le web pour le trouver. Cet outil se trouve à cet url : http://www.google.com/alerts

Dans le champ marqué Requête de recherche, mettez le nom de votre livre. Ajoutez votre email puis créez votre alerte.

Chaque fois que votre livre sera mentionné quelque part sur internet vous recevrez un message.

> **Google Analytics** : Si vous avez créé un blog, pensez à

ajouter un petit code informatique en provenance de ce site
gratuit de Google : http://www.google.com/analytics

Google Analytics   Français [

ACCUEIL   PRODUIT   ASSISTANCE   FORMATION   SPÉCIALISTES   B

Découvrez un outil d'analyse d'audience
Internet professionnel plus intelligent, plus
convivial et gratuit.

Vous pouvez découvrir la provenance des visiteurs, leur
fréquentation, leur comportent sur le site… On peut définir des
objectifs comme combien de personnes, après avoir visité la
page d'accueil se rendent directement sur la page produit. Les
consultations de ces analyses se font dans la plate-forme
Google Analytics. Il faut une inscription pour l'utiliser. Et j'ai
bien dit : « tout est gratuit ». Avec les récentes améliorations,
on peut recevoir des alertes maintenant.

Au delà du Kindle

Comme j'ai eu à le dire tout au long de ce guide, le Kindle n'est pas tout. Le but de ce chapitre est de vous faire comprendre que vous pouvez travailler une seule fois et capitaliser votre temps de travail afin que votre livre soit visible everywhere (partout lol !)

Je vous ai déjà fait comprendre que quand on a un manuscrit, le porter hors du Kindle, sur iPad par exemple, sur le KOBO...sur des tablettes... n'est qu'une question de mise en forme.

Voici ci-dessous certains formats disponibles aujourd'hui :

> **HTML** (Lecture en ligne)

> **Kindle** (.mobi pour les liseuses et autres applications Kindle)

> **Epub** (Apple iPad/iBooks, Nook, Sony Reader, Kobo, et plusieurs appareils de lecture y compris Stanza, Aldiko, Adobe Digital Editions...)

> **PDF** (Papier, PC, Printing,...)

Vous comprenez bien pourquoi j'ai pris le temps de vous introduire à quelques logiciels (GRrrrr, je suis allergique aux logiciels ! Mais on ne peut être efficace sans eux) comme MobyPocker Creator, Calibre et Jutoh. Ils pourront grandement faciliter votre travail de conversion d'un format vers un autre.

Pour ce qui est de la distribution de vos produits, vous pourrez consulter des sites de publication comme :

> http://www.lulu.com

> http://www.smashwords.com

Je ne sais pas si en lisant ceci vous vous limitez seulement à des livres électroniques vendus un peu partout sur internet. Laissez-moi vous ouvrir un peu les yeux.

Il y a une possibilité de créer un livre papier avec le contenu de votre livre publié sur Kindle. Amazon possède un service anglais appelé CreateSpace à https://www.createspace.com qui est spécialisé dans la création des livres au format papier. Comme je l'ai expliqué déjà, produire un livre via Amazon et vendu par Amazon vous coutera au moins 10 euros. Si vous voulez une distribution plus large de votre livre, vous devrez débourser environ 50 euros. C'est moins cher payé pour un service de qualité. Comme vous l'avez peut être déjà constaté, ce livre existe aussi en format papier. Ce qui fait que sur Amazon, le livre papier est lié au livre Kindle. Cependant, veuillez noter que pour produire un livre papier, il faut avoir assez de pages (plus d'une cinquantaine - cela dépend en fait du format du livre. Je travaille personnellement avec du A5 qui est l'équivalent du 6x9) et être bilingue...car la plateforme CreateSpace aujourd'hui est en langue anglaise. Désolé ! Mais vous pouvez toujours vous rabattre sur Lulu à http://www.lulu.com qui offre un service équivalent.

Il y a aussi des possibilités de créer un site de membres avec votre livre au format HTML. Ceux qui adhèreront au site, devenant membres, pourront alors avoir accès à des informations concernant le livre électronique. A vous de décider si l'adhésion sera payée une seule fois ou mensuellement. Si vous optez pour des collectes mensuelles, il faudra penser à ajouter du contenu progressivement pour justifier ce que vous recevez. L'ajout du contenu peut se faire à titre individuel ou via la collaboration gratuite des adhérents à travers un forum ou une base de connaissance. Pour ceux qui ne sont pas trop techniques je préfère leur expliquer des bases pour que s'ils ont recours à des services professionnels, les choses soient plus claires : Le site peut être construit avec des CMS (Système de gestion de contenu) comme Wordpress ou Joomla. Et les paiements gérés par PayPal . Vous n'avez pas besoin de commander une interface de e-commerce chez votre banquier.

Il y a encore une autre possibilité, celle de publier votre livre au format PDF chez Clickbank à http://www.clickbank.com. Vous aurez cependant besoin d'un nom de domaine, d'un hébergement, d'une page de vente... Là, on est dans la cours de grands. Et si vous ne passez pas par du outsourcing (chercher et payer quelqu'un pour le faire), vous risquez de ne pas vous en sortir.

Le livre électronique que vous publiez chez Amazon ou sur internet peut très bien être une porte ouverte vers vous et vos services. L'absence de DRM (décidée par vous dans la plateforme de publication) ou le faible prix (de 99 cents) peut favoriser sa copie, piratage...et tout ce qui va avec. Quand on veut publier un tel livre, on y inclut des références vers une source plus importante ou des services associés. J'illustre pour une bonne compréhension : Vous publiez un livre à 99 cents sur un domaine particulier pour lequel vous avez écrit un livre de 15 euros en version papier ou 4.99 en version Kindle. Dans le livre, vous y vantez et présentez le livre qui est plus cher...orientant vos premiers lecteurs vers le second livre. Vous comprenez bien que vous avez avantage à ce que le premier livre soit lu par un grand nombre. Et donc parfois (on l'avoue) piraté.

Vous pouvez le faire avec vos services et vos compétences. Ceux qui vous liront sauront où vous joindre. Par email, via un site internet, via Twitter, via Facebook… etc…

Pour en finir avec ce sujet, sachez que l'une des plus grandes ouvertures vers l'extérieur depuis le Kindle est d'associer un lien cliquable avec une interface web de capture d'information comme le nom et l'email…ceci en vue de créer une liste. Beaucoup sous-estiment la valeur que pourrait avoir une liste de prospects dans leur business. Et comme pour certaines notions poussées de ce livre, ceci n'est pas à la portée de tout le monde parce cela nécessite des compétences en création de pages web. N'oubliez pas, je peux vous aider. Consultez-moi pour un devis et je vous ferai un prix spécial lecteur !

Conclusion

Le livre électronique est l'avenir de l'édition. C'est une grosse manne pour les auteurs en herbe qui voyant les gains augmenter pourront aller jusqu'à la spécialisation : service de mise en forme, service de traduction, formation personnalisée, coaching...

Beaucoup ont démarré dans le domaine de la publication des livres sur Kindle. Certains n'ont pas encore réalisé qu'il ne s'agit pas d'un jeu et qu'ils doivent penser business pour faire de la publication sur Amazon.fr un business. Il y a en effet une différence entre celui qui sait se projeter pour entreprendre sa vie et celui qui ne sais pas le faire.

Laissez-moi vous révéler quelque chose aujourd'hui : Comment arrondir facilement ses fins de mois sur internet... sans forcément travailler plus, c'est ce qu'offre ce livre.

Il ne s'agit pas ici de publier un livre pour espérer gagner au jackpot. OK ! Il y a des antécédents. Mais ceci n'est pas donné à tous. Il faut avoir un certain nombre de livres générant une petite et coquète somme d'argent jour après jour. Irréaliste ? Illustrons un peu. Supposons que vous publiez 50 livres et que vous en vendiez seulement 20 livres chaque jour à 2 euros l'unité. Cela équivaut à 20x2euros = 40 euros de revenu tous les jours. Mensuellement, vous vous positionnerez sur du 40 euros x 30. Ce qui vous fait 1200 euros mensuels.

Qui dit mieux ? Allez-vous vous laissez tenter ?

La question n'est plus : « comment produire ces 50 livres ». Ce livre y répond. La question est plutôt : « En combien de temps produire 50 livres ?»

Le fait que vous ayez acheté ce livre prouve que vous avez de la volonté pour entreprendre votre vie. Ne restez pas sur une intention. Foncez ! Courage !

Et surtout, écrivez-moi pour me tenir au courant de votre succès. Dites-moi comment ce livre a changé votre perception des choses.

Bonus

Il m' a semblé nécessaire d'allier à ce livre, un autre de ma création. C'est un bonus pour les lecteurs de ce livre. Un bonus qui complète bien le contenu de la première partie. Une redite n'est pas de trop. Cela permet une meilleure assimilation des concepts.

Comment publier des livres sur Kindle avec Mobipocket

Note : Je prends exemple sur amazon.fr puisque j'y vends des livres. Vous pouvez associer votre plateforme de vente (Lulu, CreateSpace,…) sans aucun problème. La présentation est générale même si elle fait surtout référence à Amazon.fr dans les écrits. Le Mobipocket au format PRC ne tourne pas que sur le Kindle.

> *Comment réussir la mise en forme de vos livres numériques*
> *De Word vers le MOBI (Kindle) et l'EPUB*
> *http://www.amazon.fr/dp/B007P4ZG94*

Introduction

A la suite de mes différentes publications présentes dans le catalogue d'Amazon, j'ai jugé qu'il était aujourd'hui indispensable de présenter un autre guide sur la publication des livres sur Kindle en utilisant l'outil **Mobipocket**. Ce n'est pas un autre guide qui raconte différemment des informations que l'on peut retrouver ailleurs dans un de mes livres.

J'ai, par le passé, traité la publication des livres avec **Calibre** puis **Jutoh**... deux outils qui possèdent des versions pour toutes les machines.

Je n'ai pas voulu ajouter l'utilisation de Mobipocket dans un livre entièrement consacré à **Calibre** et **Jutoh**, pour une raison de focalisation et de spécialisation. Avec **Calibre** ou **Jutoh**, vous pouvez produire des ebooks pour toutes les plateformes de liseuses. Avec **Mobipocket**, vous ne pouvez produire que des fichiers à extension PRC qui sont utilisés dans le Kindle, les BlackBerry, Palm, Pocket PC, iRex reader, Bebook, tous les PC sous Windows...

Voici en effet ce que le site de **Mobipocket** présente :

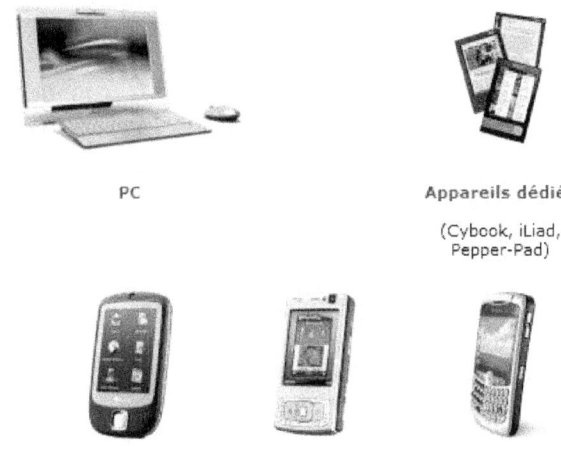

Plateformes supportées >> Détails

PC

Appareils dédiés
(Cybook, iLiad,
Pepper-Pad)

PalmOs   Windows Mobile   SymbianOs   Blackberry
               (PocketPC,   (Series60, UIQ,
               Smartphone)   Series80, Series
                                        90)

Ce guide, en plus de vous donner quelques astuces dans la création de votre manuscrit et votre couverture, vous conduira dans la conversion des documents Word vers le Kindle. J'ai constaté que nous sommes nombreux à travailler sous Word…. Et à chercher des processus simples et éprouvés pour effectuer rapidement des conversions vers des livres numériques.

Ce document apportera de la satisfaction à tous ses lecteurs. Vous comprendrez qu'il n'est pas question d'être un génie pour convertir un livre pour le Kindle. En vous munissant de ce guide, faites des bons clics et tout sera prêt pour le KDP (Kindle Direct Publishing – http://kdp.amazon.fr).

Check-list de publication de livre sur Kindle

Je vais ici donner à titre indicatif, une check-list de publication sur le Kindle, afin de vous rafraichir la mémoire. Pour toutes les informations en rapport avec cette check-list, merci de consulter le guide suivant :

Comment Publier Simplement sur KINDLE des livres qui vous rapportent jour après jour avec ce lien de vente : http://www.amazon.fr/dp/B006V4H4FI

1) **Préparation du Manuscrit**

a) Titre et sous-titre

b) Insertion des images

c) Table des matières

d) Police adéquate

e) Enregistrement au bon format (.doc, page web…)

2) **Création du compte de publication**

a) Information de contact

b) Taxe

c) Information bancaire

3) **Détail de votre livre sur KDP**

a) Télécharger la couverture

b) Télécharger le livre et faire la vérification

c) Description (métadonnées)

d) Décider de:

i) Prix

ii) Royaltie

iii) DRM

iv) Catégories

4) **Marketing basique**

a) Les tags

b) Pages de l'auteur

c) Communiqué de presse

d) Copies gratuites

e) Commentaires

f) Bloguer

Donc, dans ce livre, nous ne nous occuperons que de la phase 1)Vous aurez donc un livre tout fait pour le publier comme en 3) point b)

Les phases 2) et 3) se passent sur le KDP (Kindle Direct Publishing – http://kdp.amazon.fr).

Je mets un point d'honneur à ne pas placer les mêmes informations dans tous les livres que j'écris. C'est une stratégie qui évite les redondances et qui permet à mes lecteurs d'être satisfaits de ce qu'ils lisent. Les informations sont ciblées et spécialisées pour des tâches précises.

L'objet de ce livre est de vous montrer comment prendre un manuscrit sous Word (ou alternative comme Open Office) pour en faire un livre sur Kindle. Je vous donnerai tout à l'heure, une procédure pas à pas dans un cas concret.

Revenant sur la Check-list, je vais parler encore de quelques points. Quand nous en aurons terminé, vous aurez une stratégie globale de conversion du Word vers le Kindle avec **Mobipocket**

Attaquons les points suivants :

>*Un modèle Word pour la publication sur Kindle*

Je vais peut-être casser le marché de certaines personnes, mais il faut que je le dise. Je ne comprends pas pourquoi après avoir lu ce livre vous irez acheter un modèle Word pour votre livre. Nous allons travailler avec un fichier Word, au format A4, avec des marges normales. Bref, ce qui apparaît quand vous lancez Word (Valable pour la configuration par défaut de Open Office). Un modèle Word en fait est juste une page Word où ont vous dit de placer le contenu ici et là. Mon conseil est très simple : Prenez une page Word, placez-y votre contenu et suivez le formatage que je propose par la suite. Il y a moins d'une dizaine de règles à respecter pour votre manuscrit. En fait, dans la mise en forme pour Kindle, moins vous faites et mieux c'est ! Incroyable ? Non ! C'est juste lié au fait que le

Kindle est un lecteur basique. Ne compliquez pas les choses. Je sais que ce n'est pas facile. On est tellement habitué à ce qui n'est pas simple.

> *Une couverture pour votre livre*

Il n'y a pas dix mille façons de produire une couverture pour son livre. Je vous présente une méthode simple. Créez sous Word un tableau d'une colonne et trois lignes. Le tableau doit avoir au moins 600 pixels. Sur la première ligne, mettez le titre du livre. Copier au centre de la table une image. Sur la dernière ligne, placez le nom de l'auteur.

Voici des sites où vous pourrez prendre des images gratuites pour vos illustrations : http://en.wikipedia.org/wiki/Wikipedia:Public_domain_image_resources

> *La table des matières*

Ce qui est bien dans les méthodes que je propose c'est que ce n'est pas à vous de créer une TOC (table des matières) pour vos livres numériques. C'est le travail du logiciel de conversion vers le Kindle ou autre. Si vous respectez bien la mise en forme de votre manuscrit, vous n'aurez aucun problème avec le TOC. Toute fois, je tiens à souligner que le TOC n'est pas obligatoire sur tous les livres. J'ai publié des procédures illustrées sans TOC.

> *Rédiger un contenu*

Je vous donne ici trois astuces pour rédiger le contenu.

>> *Vision du contenu* : Tous mes contenus sont orientés vers la réponse à une préoccupation. C'est en effet calqué sur la base de l'internet même. Beaucoup sur internet sont à la recherche des réponses.

>> **Rédiger du contenu depuis un livre appartenant au domaine public** : Je vous invite à lire les informations fournies par Amazon à cette adresse : https://kdp.amazon.com/self-publishing/help?topicId=A2OHLJURFVK57Q/

L'idéal pour vous est de prendre de la littérature anglaise sur des sujets assez précis et d'en faire des livres français. Compilez plusieurs œuvres pour n'en faire qu'une. Mixez vraiment le tout. Ne vous contentez pas de placer un livre ou chapitre à la suite de l'autre.

>> **Rédiger du contenu avec Yahoo Question Réponses** (http://fr.answers.yahoo.com) : Sur ce site, vous aurez non seulement des questions mais aussi des réponses. Il suffit juste d'effectuer du *rewording* (écrire en ses propres mots) et de la structuration de contenu (assemblage, création de chapitres…)

Voici donc une présentation sous Word pour ces types de livres écrit à base de Yahoo Questions Réponses :

1. Titre de la page

2. Une page d'avertissement et des mentions légales

3. Une page de TOC

4. Une page d'introduction

5. Un chapitre par questions – J'écris une vingtaine de chapitres de 500 mots minimum et je vends le livre à 2.99€ minimum

6. Une page de conclusion

7. Une page de recommandation c'est-à-dire des liens vers ses autres publications. N'oubliez jamais qu'un lecteur satisfait par un de vos livres est un futur acheteur de vos autres publications.

> **Rédiger du contenu par dérivation**

Si vous avez visité ma page d'auteur, vous avez constaté que j'ai produit un autre livre qui vous explique comment lire gratuitement des livres qui se vendent sur Amazon. Je vous détaille en effet des méthodes et elles peuvent être utiles à l'écrivain. Ce n'est pas pour faire du copier coller mais c'est pour permettre de s'inspirer en voyant ou en lisant ce que les autres ont mis en vente.

Quand on lit un livre, on peut toujours en faire une version meilleure ou une version présentée selon un certain point de vue.

L'une des méthodes que j'enseigne consiste à classer les livres par prix croissant. Dans cette présentation, les livres portés à zéro euro sont les premiers dans les classements.

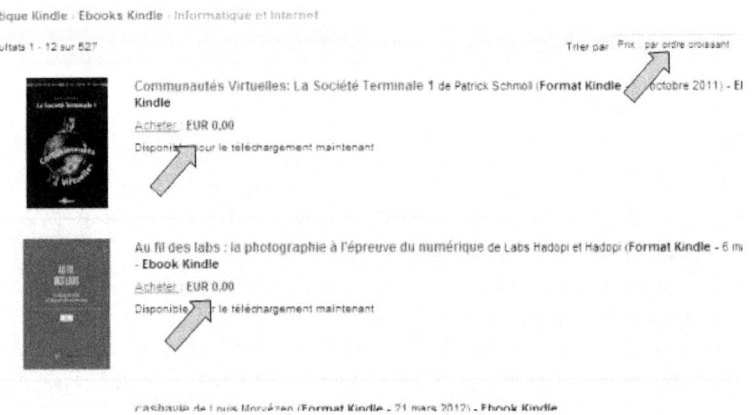

Le livre : *Comment lire gratuitement des livres vendus sur Amazon.*

Je vous conseille de ne pas faire du plagiat. Je vous rassure aussi. Même si quelqu'un fait une œuvre dérivative de la votre, votre livre se vendra toujours. Ceux qui sont passionnés par un thème ou sujet achètent toute sorte de produits. Un livre de trop ne leur fait pas peur. En plus, un livre est un bon endroit pour puiser des idées.

S'il vous plait ne copiez pas mon livre pour le revendre (lol !).Si vous le faites, cela ne ferra qu'un livre de plus sur le **Mobipocket**. (lol !)

> *Mise en forme du manuscrit*

Selon l'éditeur que vous utilisez (Word, Open Office), il est indispensable de voir comment appliquer les propriétés suivantes à une sélection de texte :

>> Titre 1 (ou H1) : Vous mettez en surbrillance une partie de texte et vous cliquez sur TITRE 1 ou Heading 1

>> Titre 2 (ou H2) : Vous mettez en surbrillance une sélection de texte et vous cliquez sur TITRE 2 ou Heading 2

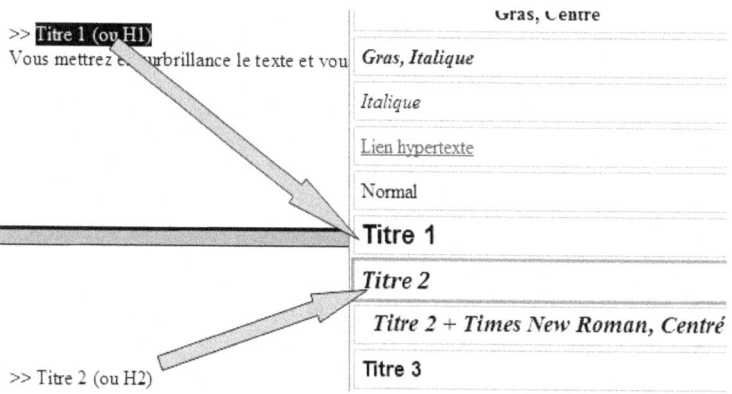

Note : Dans le cas de l'utilisation de Mobipocket, vous pouvez utiliser Titre 1, Titre 2 et Titre 3 en même temps dans un document pour organiser les rubriques ou les sections du livre. Vous verrez ce que je dis lors de la création du TOC. Personnellement, je ne le conseille pas... parce que vous compliquez la tâche de rédaction et de lecture. Il est encore plus aisé de subdiviser son livre seulement en chapitre. Ne pensez pas à vous. Pensez à ceux qui vous lisent.

Si vous-même vous prenez votre livre et que vous ne pouvez pas le présenter par bloc, c'est que vos lecteurs aussi seront perdus.

>> **Normal** : Par défaut, le contenu est en normal.

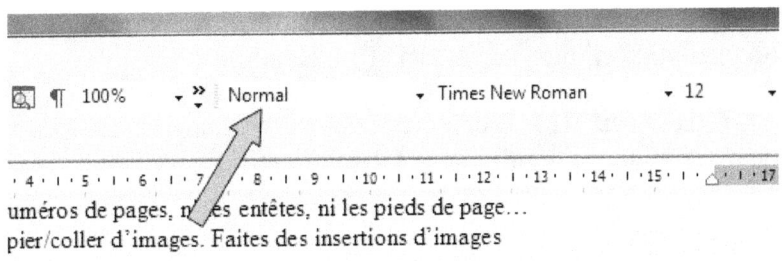

uméros de pages, n'... es entêtes, ni les pieds de page...
pier/coller d'images. Faites des insertions d'images

>> Regardez aussi comment faire un **saut de ligne**…

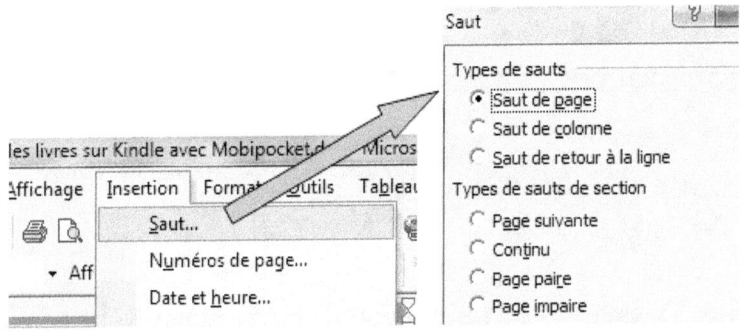

>> Cherchez comment **insérer des images** dans un texte : Vous placez la souris à l'endroit où vous voulez insérer un texte et vous faites comme suit :

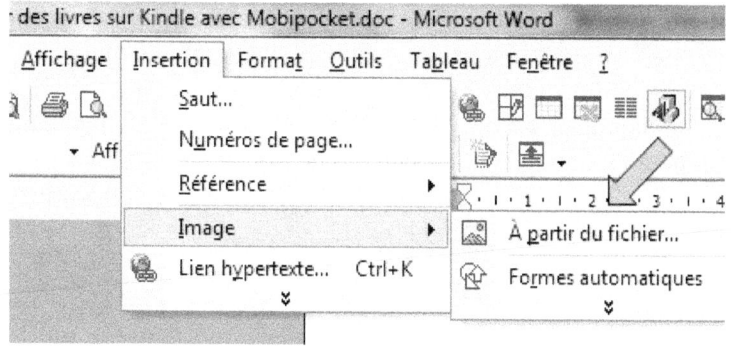

>> Pour votre culture, voir **comment insérer une TOC :** se positionner où l'on veut mettre la TOC…et faire ce qui suit.

Attention : Décocher l'affichage des numéros de page.

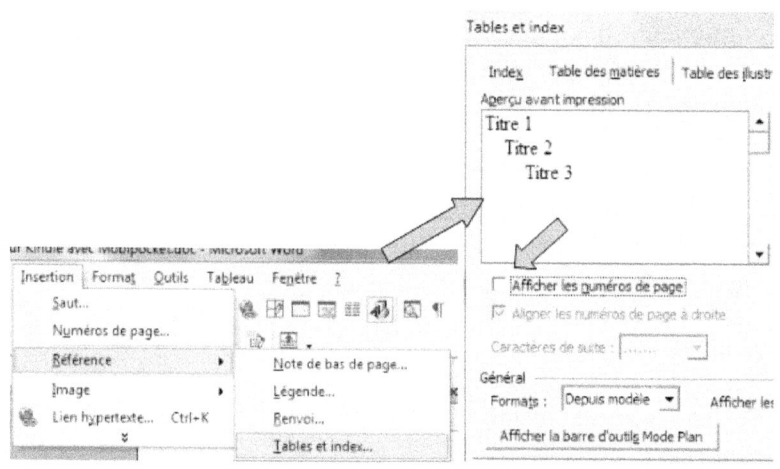

105

Je vous donne quelques règles à respecter pour la mise en forme de votre manuscrit.

>>> Le document doit être sur A4 de préférence. Les autres formats ne gênent pas. Donc, vous pouvez même utiliser le manuscrit de votre livre papier. Il suffira juste de supprimer les numéros de page et le TOC

>>> Ne mettez pas les numéros de pages, ni les entêtes, ni les pieds de page...

>>> Ne faites pas les copier/coller d'images. Faites des insertions d'images

>>> N'utilisez pas des polices non classiques (Hurry Up, Aharoni, Amienne,...). Ceci tient au fait que les liseuses ne contiennent pas toutes les polices. Ce sont des outils basiques. Je travaille uniquement avec Times News Roman. J'en connais qui sont à l'Arial et d'autre au Calibri ou au Verdana.

Note : Dans votre document Word au format A4 avec une marge normale, vous constituez votre manuscrit en respectant les règles ci-dessus. J'aime bien travailler avec des TITRE 2 ou Heading 2.

Outil de conversion

Téléchargez et installez Mobipocket Creator 4.2 Publisher Edition.

Le site de téléchargement est http://www.mobipocket.com

Parlons utile :

> **Mobipocket** appartient à Amazon. Quelqu'un m'a dit que c'était pour cela qu'il préconisait Mobipocket comme outil sur leur site. Mais entre nous, rien n'est dit sur la manière de transformer le livre avec cet outil. Heureusement que ce livre existe...pour vous éviter de trop fouiller.

Le format AZW est un cousin très proche du format MOBI.

Avant septembre 2009, on pouvait publier et vendre des livres sur le site de Mobipocket. Depuis cette date, Amazon route les nouveaux auteurs vers le KDP.

> Le format PRC et MOBI tournent bien sur Kindle. J'utilise toujours des formats non protégés. En fait, lorsqu'on se lance dans la production de livres, on peut soit protéger son livre avec les outils de conversion ou avec KDP. Si vous êtes tenté par la protection via DRM, utilisez celui de KDP. Aucun de mes livres n'est protégé mais c'est un choix.

Juste une note pour ceux qui se demandent s'il faut protéger ou pas. Pour beaucoup, la protection a pour but de limiter le piratage. Personnellement, j'ai appris à utiliser le piratage à mon avantage en introduisant dans tous mes livres des liens vers d'autres ressources. Je souhaite que celui qui achète un de mes livres fasse ce qu'il veut de cela. Même s'il ne veut pas respecter mon travail, son attitude m'apportera toujours d'autres lecteurs. La meilleure protection anti-copie est la production en masse de livres avec cross-promotion c'est-à-dire la promotion des livres dans d'autres livres.

> Faites attention à la version de Mobipocket que vous allez utiliser suite à ce guide. J'en connais qui vont m'écrire pour me dire que les captures d'écran ne correspondent pas. A partir de la version 4.2 en Publisher Edition, il n'est plus question d'entrer dans le code HTML des manuscrits destinés au livre. Aujourd'hui, il n'est plus nécessaire, avec toutes les méthodes que j'ai présentées de connaître une miette de HTML. Quelle joie !

Certaines versions de Mobipocket exigent que l'on aille dans le code d'un manuscrit ajouter des balises de reconnaissance ou créer manuellement la TOC. Changer alors la version du logiciel pour ne pas être limité par ces considérations.

> La limitation de Mobipocket est que vous ne pourrez faire que du Mobipocket. Ce n'est pas du fichier en MOBI, c'est du PRC. Pour ceux qui ont lu le livre sur Calibre, vous savez bien que tout fichier Mobipocket peut être transformé en fichier EPUB, en quelques clics.

Stratégie de conversion avec Mobipocket

La stratégie de conversion est très simple. Elle consiste en deux étapes :

Etape I *: Word => HTML, Page web filtrée*

Dans cette étape, quand on a mis en forme le manuscrit comme expliqué dans les pages précédentes, il suffit d'enregistrer le document Word au format HTML, Page Web filtré.

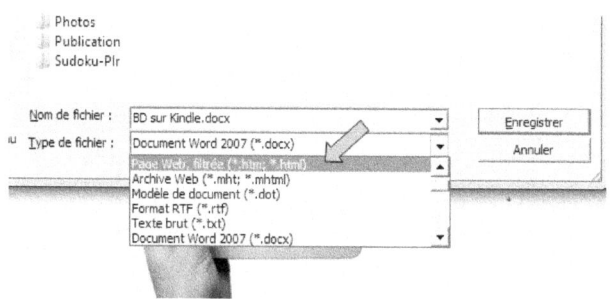

Etape II : HTML => [Mobipocket Creator] => Fichier .PRC

Dans cette étape, le fichier HTML, (Page web filtrée) est importé dans le logiciel Mobipocket. Et en quelques clics, un livre Mobipocket est récupéré. Ce fichier est ensuite uploadé sur KDP.

Astuce de travail: J'effectue toujours la prévisualisation des livres sur mon Kindle. Cela me permet d'avoir une idée de ce que mes lecteurs ont. Si vous pensez vraiment faire du vrai business sur le Kindle, achetez une liseuse Amazon. La dernière là, le Kindle Touch me tente. J'ai été touché par le Kindle Touch. (lol !)

La conversion pas à pas

Etape I :

L'enregistrement en HTML, Page web filtrée se fait de la manière suivante :

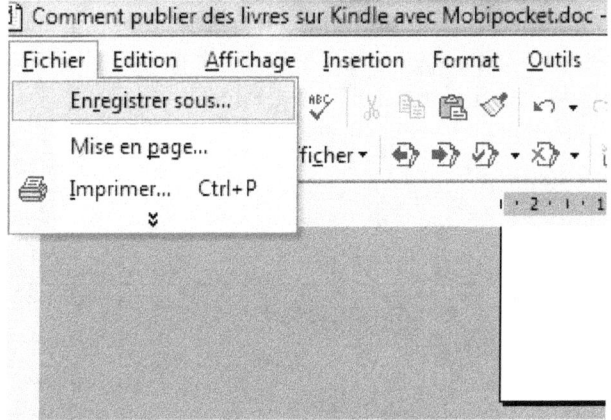

Quand vous avez choisi le dossier de travail, il suffit maintenant de choisir le type de fichier (pour cet enregistrement)

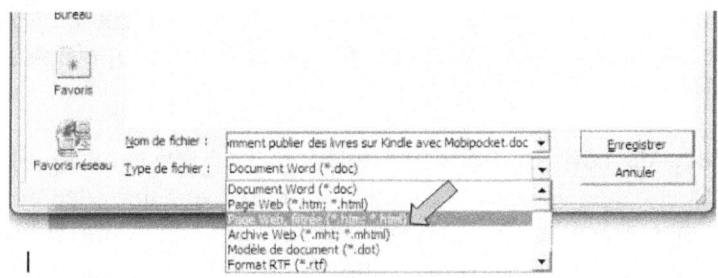

Maintenant que nous avons le fichier HTML, nous allons

utiliser Mobipocket pour le convertir pour le Kindle (et autres liseuses). Ceci suppose que vous avez installé une version sur votre ordinateur.

Etape II :

> Lancer le logiciel en double cliquant sr l'exécutable.

> La partie qui nous intéresse est la partie **Import Existing File** (qui veut dire import des fichiers existant. En d'autre mot, on met le manuscrit dans le logiciel Mobipocket)

> Cliquez donc sur HTML document

ication

ition
um
Anniversaries Date Book
ipe Database
tionary/Glossary
pe Database
vel Guide

Import From Existing File

▸ HTML document ←
▸ MS Word document
▸ Text document

> Quand vous avez cliqué sur HTML document, une page s'ouvre et en cliquant sur **Browse**, vous devez choisir un fichier HTML (celui que nous avons enregistré dans les pages précédentes) et en dessous, un dossier de travail. C'est dans le dossier de travail que sera le livre créé.

(Pour choose a file)

112

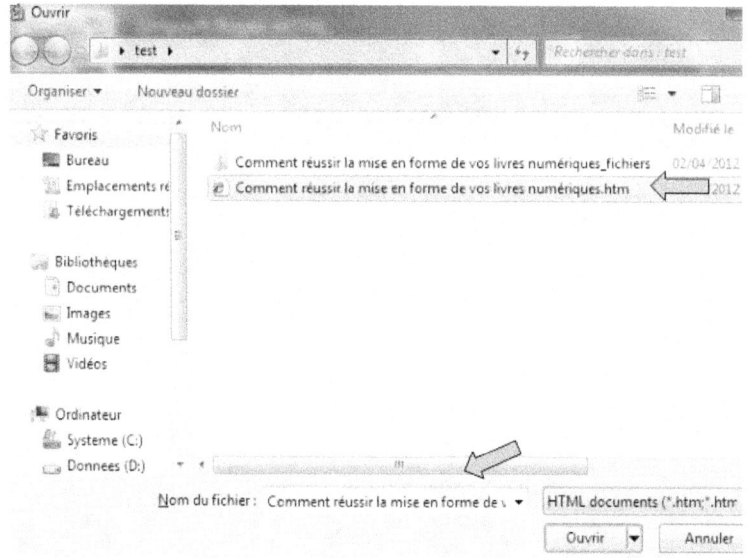

> Quand vous avez fini avec les deux définitions, cliquez sur **Import**

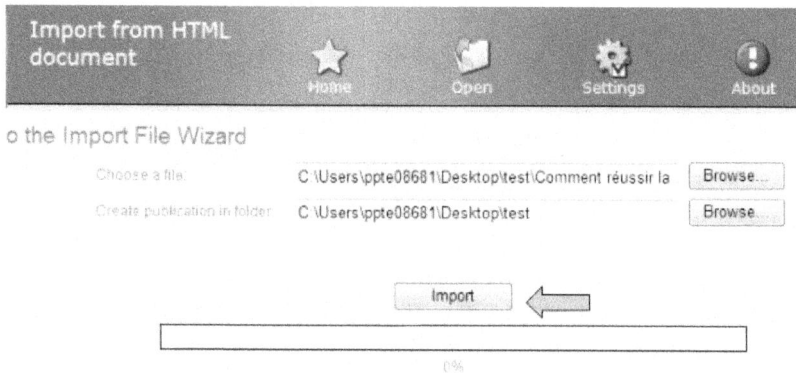

> Vous arrivez sur une fenêtre de récapitulatif

113

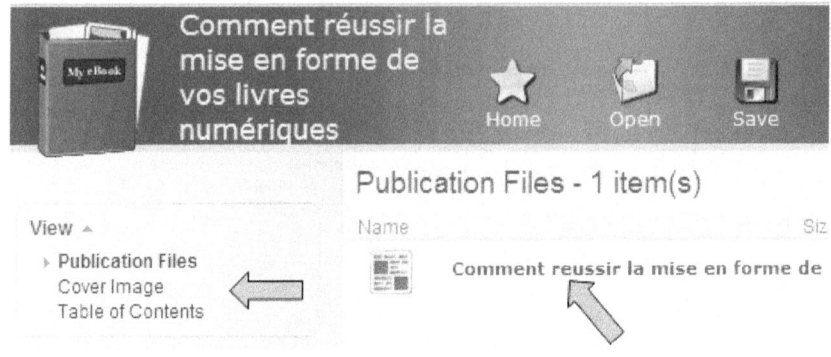

> Maintenant, il faut ajouter une couverture

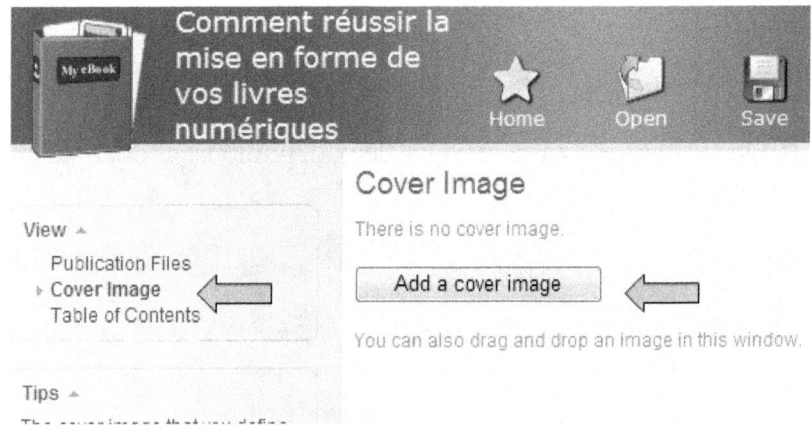

Pour la couverture, cliquez sur **Cover Image** puis sur **Add a cover image**

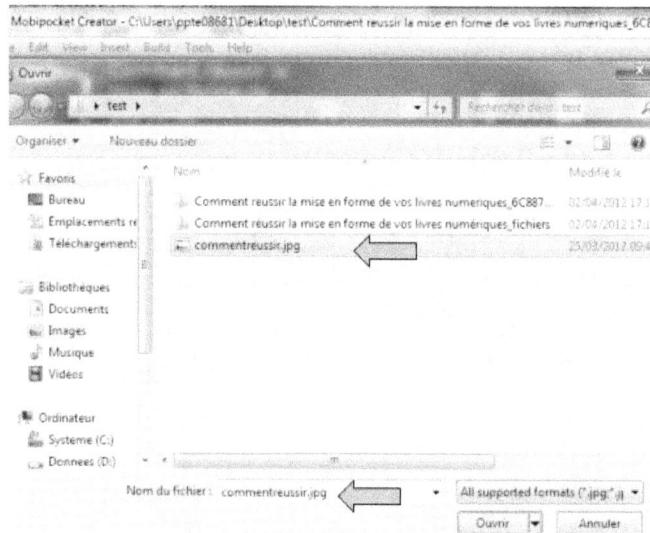

Quand la sélection est faite, cliquez sur Update

Attention ! C'est très important de cliquer sur Update sinon, la couverture ne sera pas prise en compte.

> Passez maintenant à la TOC. Cliquez sur **Table de Contents** puis sur **Add a Table of Contents**

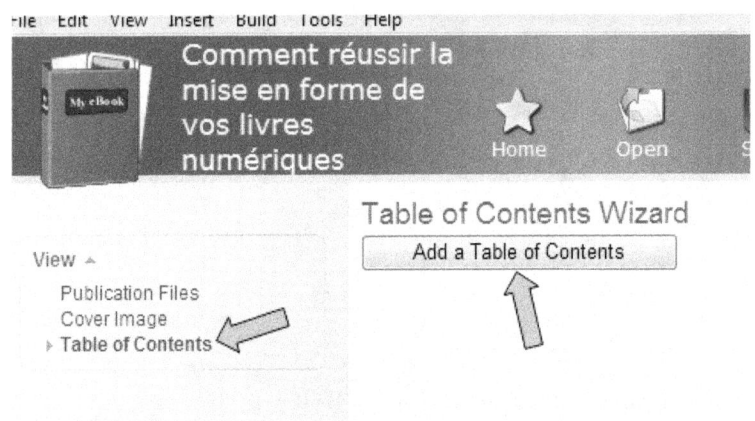

> En cliquant sur **Add a table of Contents**, vous vous retrouvez avec la page suivante

Il y a deux choses à faire ici :

>> Mettez un titre en français à la place de Table of Contents

>> Définissez la balise utilisée pour la table de matière.

En ce qui concerne les balises, nous n'avons utilisé que des H2 ou TITRE 2. Donc, nous ne pouvons générer qu'un TOC de premier niveau (first level).

Note : Pour ceux qui travaille avec des TITRE 1 et TITRE 2, vous pouvez donc placer au premier niveau H1 et au second niveau H2. Le first niveau est First level. Le second niveau est Second level.

Table of Contents Title:

Table des matières

Table of Contents Generation rules:

Enter the filtering information to detect tags for which you want a link to be generated in the

	Tag name	Attribute	Value
First Level:	H2		
Second Level:			
Third Level:			

During this operation, unique ID attributes will be added to the matching tag names in all th your publication and the TOC.htm file will be (re)generated. All manual modifications you m the TOC.htm file with an HTML editor will be lost. To find out which tag or attribute names ar the source of the HTML files of your publication first.

| Update | Cancel |

117

N'oubliez pas, quand vous avez rempli les champs, de cliquer sur **Update** sinon, les informations ne seront pas prises en compte.

Après validation, vous retournez dans la page de publication avec tous les fichiers de travail.

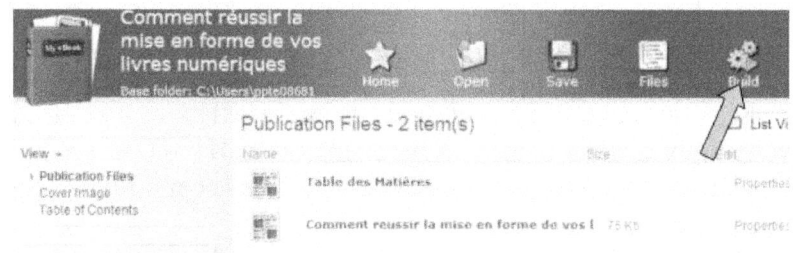

C'est normal que vous ne voyiez pas le fichier de couverture.

> Cliquez sur **Build,** dans les boutons de menu

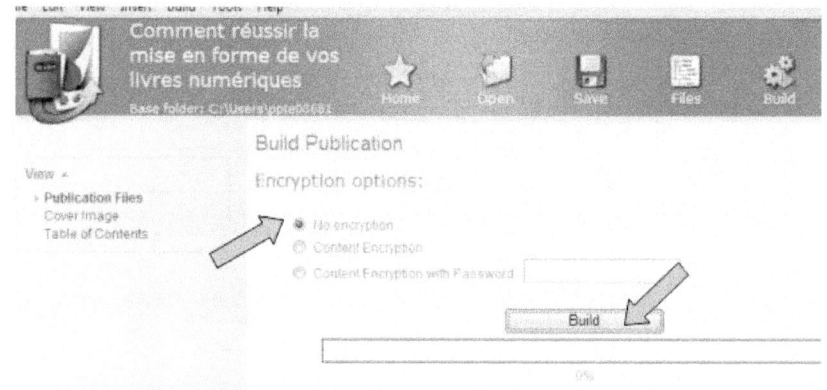

Ne faites aucun cryptage de données et ne placez pas de mot de passe.

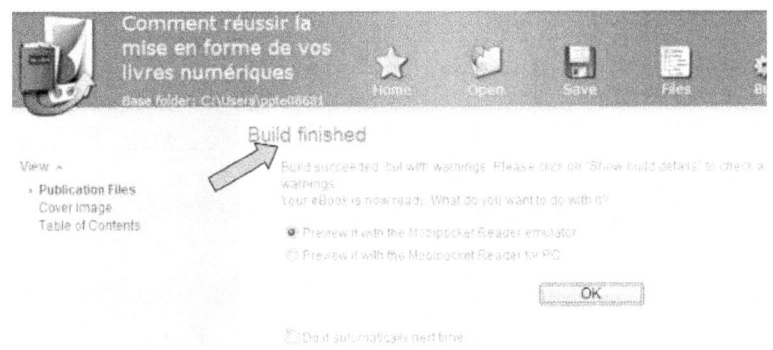

Vous avez alors le fichier PRC dans votre espace de travail

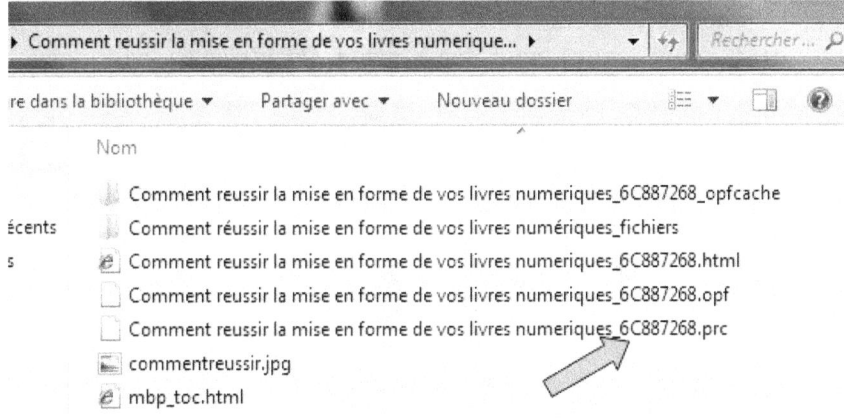

J'aime bien tester le rendu sur le **Kindle Previewer** puis sur mon appareil.

Je teste en effet, la visibilité, les images insérées… puis la couverture cliquable et le lien cliquable.

En grandeur nature, sur mon Kindle, je note les fautes de grammaire et d'orthographe.

[Sélection du lecteur dans le Previewer => Je développe pour le Kindle car c'est la liseuse aujourd'hui vendu en France]

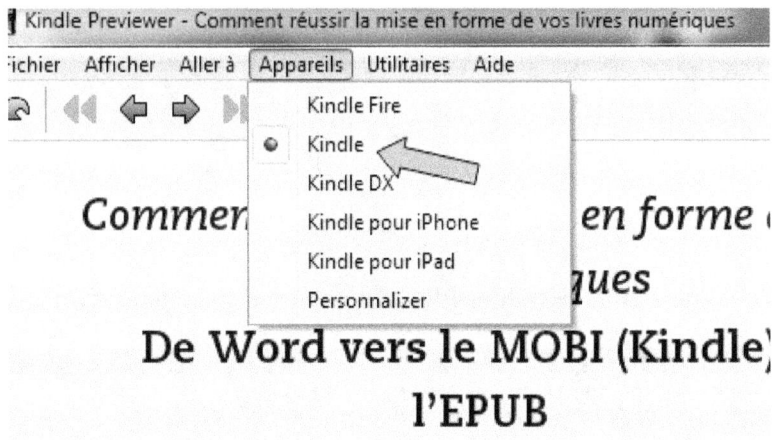

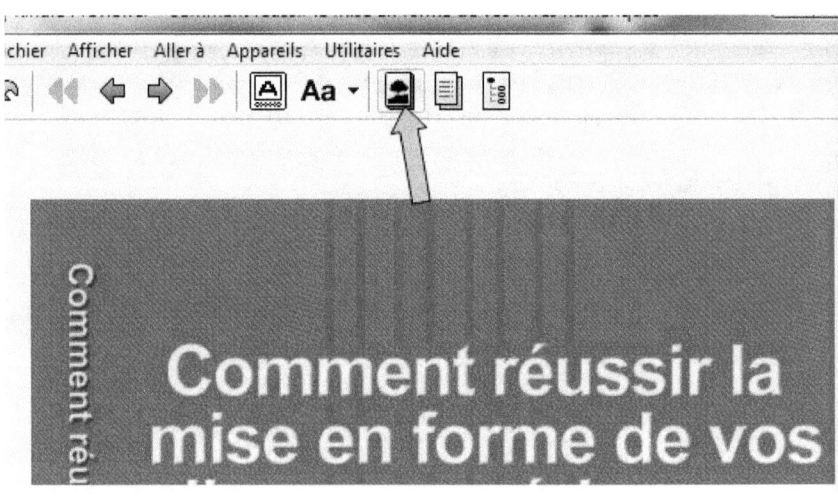

Table des matières

Conclusion partielle

Vous n'avez plus de raison de ne pas vous lancer. Vous avez non seulement des pistes pour écrire vos livres mais vous avez aussi la méthode pour les convertir pour Kindle…et pas mal de lecteurs.

> *Mes dernières publications* sur Kindle:

Comment réussir la mise en forme de vos livres numériques - De Word vers le MOBI (Kindle) et l'EPUB - en vente sur Amazon.fr - http://www.amazon.fr/dp/B007P4ZG94

Comment trouver des idées pour écrire des livres qui se vendent – en vente sur amazon.fr – http://www.amazon.fr/dp/B007PMQKWI

> *Je vous conseille ce livre en version Kindle* :

Comment Publier Simplement sur KINDLE des livres qui vous rapportent jour après jour avec ce lien de vente : http://www.amazon.fr/dp/B006V4H4FI

Comment Publier Simplement sur KINDLE des livres qui vous rapportent

11 évaluations

5 étoiles:	(8)
4 étoiles:	(2)
3 étoiles:	(1)
2 étoiles:	(0)
1 étoile:	(0)

Moyenne des commentaires client

☆☆☆☆☆ (11 commentaires client)

Partagez votre opinion avec les autres clients

Créer votre propre commentaire

Le commentaire favorable le plus utile

☆☆☆☆☆ **FABULOUS!!!!!**
j'ai trouvé cet ebook extremement riche en informations!!!! et directives, tout y est il n'y a qu'a suivre le chemin, un bon mode d'emploi en un seul book simple de compréhention abordable pour tous, j'ai lu certains commentaires négatifs et j'avoue qu'ils devraient se remettre en question, reconnaitre youy simplement qu'il est trés bon cet...
Lire toute l'évaluation ›

Publié il y a 4 jours par Perlesse

› Voir plus de commentaires **5 étoiles, 4 étoiles**

123

A propos de l'auteur

Pierre Benoit TASSE travaille comme formateur informatique et webmaster indépendant. Passionné d'internet depuis 1997, il n'a fait de cette passion son métier qu'en 2004.

De 1997 à 2003, il a été ingénieur dans une grande SSII parisienne. Ses missions, généralement courtes en clientèle (moins de 6 mois, partout en France et chez plus d'une centaine de clients comme SNCF, EDF, LaPoste,...), étaient orientées vers le déploiement des systèmes d'information, le transfert de compétence sur des logiciels ou des matériels (Windows, Linux, Novell, IBM, Compaq,...) ou la gestion des serveurs Novell.

Pierre Benoit TASSE possède en effet des certifications constructeurs comme NOVELL CNE, IBM, CHECKPOINT CSA et HP dans les machines virtuelles.

Fort de cette expérience qui lui donne une assise sur tout ce qui touche au matériel, il peut non seulement intervenir sur l'architecture des serveurs web que dans la programmation pure en PHP/MYSQL dans des environnements LAMP.

Ce qu'il aime par-dessus tout, c'est transmettre son savoir... c'est enseigner. Alors s'est-il lancé dans la formation informatique et dans la production de livres et d'ebooks de différents formats y compris sur le Kindle chez Amazon. Certaines de ses œuvres se trouvent dans le catalogue d'Amazon en version anglaise ou française.

Pierre Benoit TASSE est disponible pour toute mission de formateur (il possède un agreement formateur) ou des missions purement techniques dans le domaine web (audit, gestion des sites, maintenance, conception, MOA...), pour tout transfert de connaissance ou pour toute formation... ceci dans les technologies web.

Il pourrait si vous le voulez vous coacher en ce qui concerne la production des ebooks sur Kindle chez Amazon...ou tout simplement faire équipe avec vous (50-50 de bénéfice) pour produire en langue française vos oeuvres.

Si vous avez des suggestions et remarques sur ce livre ou si vous souhaitez juste contacter l'auteur, merci d'écrire à cette adresse : **pierre.tasse@sfr.fr** ou *monavis.kindle@sfr.fr* et/ou de visiter régulièrement le site internet http://kindle.pbtasse.com

N'oubliez pas de vous inscrire sur ce site internet pour recevoir en priorité les nouvelles productions, des livres bonus et conseils...

Merci de laisser aussi vos commentaires sur la page produit de ce livre.Vous recevrez alors comme cadeau le livre électronique: "Pourquoi mes livres se vendent et pas les votres (http://kindle.pbtasse.com)"

-FIN-

Commentaires sur ce livre au format Kindle

pas encore de Kindle ? Achetez-le ici.

Comment Publier Simplement sur KINDLE des livres qui vous rapportent jour après jour [Format Kindle]
Pierre Benoit Tasse (Auteur)

★★★★☆ ☑ (18 commentaires client) | 👍 J'aime (2)

Prix Kindle : EUR 5,12 TTC & envoi gratuit via réseau sans fil par *Amazon Whispernet*

- Longueur : 80 pages (estimation) ☑
- Vous n'avez pas encore de Kindle ? Achetez-le ici.

Découvrez tous les coffrets cadeaux Smartbox dédiés au bien-être : massages, modelages, hammam...

Format Kindle

★★★★★ **à conseiller** 3 juin 2012

Par Sue

Format: Format Kindle | Achat authentifié par Amazon

J'ai apprécié ce livre bourré d'astuces car il est très pratique. L'auteur a su se mettre à la hauteur des débutants.

★★★★★ **Très pratique !**, 9 avril 2012

Par **Didier HEBERT** (Chalindrey, FRANCE) - Voir tous mes commentaires

Achat authentifié par Amazon (De quoi s'agit-il ?)

Ce commentaire fait référence à cette édition : **Comment Publier Simplement sur KINDLE des livr vous rapportent jour après jour (Format Kindle)**

Ce livre pratique va droit à l'essentiel. Grâce à lui j'ai publié très rapidement Présidentielles 2012 : Des candidats et des chiffres - Le Quiz. Merci pour le temps gagné !

Et plus…

www.ingramcontent.com/pod-product-compliance
Lightning Source LLC
Chambersburg PA
CBHW051323170526
45166CB00002B/660